Le monde ne tourne pas rond, ma petite-fille

Sonia Mabrouk

Le monde ne tourne pas rond, ma petite-fille

Flammarion

ISBN : 978-2-0814-0737-4

À Delenda, Soraya et Skander.

Prologue

Ma grand-mère s'appelle Delenda. Je ne l'ai presque jamais appelée par son prénom. Comme la plupart des petits-enfants, je l'ai affublée très tôt d'un surnom banal et universel : « mamie ». Ce diminutif commun se décline, selon mes humeurs, en « mamitou » ou « mamichka », renvoyant à l'image d'Épinal d'une grand-mère classique.

Plus tard, vers l'adolescence, il m'est arrivé parfois, pour la taquiner, de lui lancer la célèbre formule de Caton, ce mot d'ordre qui ponctuait tous les discours du censeur romain : « *Carthago delenda est* » (« Il faut détruire Carthage »). Cette déclaration historique, quoique symbolisant des heures sombres pour ma ville natale, rend encore aujourd'hui mamie très fière. Car Delenda aime à rappeler que son prénom se mêle dans les livres d'histoire à ceux d'Hamilcar, Salammbô, Hannibal ou encore à celui de la mythique Didon.

L'histoire est sa passion. Bien que n'ayant pas fait de longues études, ma grand-mère est capable de disserter des heures durant sur les trois guerres puniques contre Rome, la période du protectorat français et l'indépendance sous Bourguiba jusqu'à nos jours. Ses connaissances, apprises sur le tard, m'ont toujours impressionnée. Elle sait tout de la Tunisie, de ses relations avec la France et de la longue histoire entre les deux pays.

Je n'ai jamais osé lui demander comment elle avait acquis ce savoir, ne voulant pas raviver la blessure que représente, chez elle, l'abandon de sa scolarité pour la voie « classique » d'un mariage précoce, et la naissance de quatre enfants auxquels elle a consacré toute sa vie.

Je l'imagine la nuit, après une longue journée au service de tous, dans le secret de sa chambre et à la lueur d'un abat-jour, dévorer les livres d'histoire que ses petits-enfants laissent traîner dans la maison de La Goulette. Ma grand-mère cherche à rattraper son retard. Le retard d'une vie.

C'est bien plus tard que j'ai appris que nos manuels scolaires l'avaient accompagnée durant ses nuits de solitude. Ses enfants, tous accaparés par leurs vies personnelles et leurs carrières professionnelles, n'ont jamais rien su de la double vie de Delenda.

Grand-mère le jour, écolière en session de rattrapage la nuit.

Ce secret récemment révélé a rendu notre relation encore plus fusionnelle et singulière.

Douce, discrète et bienveillante, Delenda s'est toujours occupée de sa vaste famille sans jamais se plaindre. Aux yeux de tous, mamie est une grand-mère ordinaire. En apparence. Et en apparence seulement. Car depuis quelque temps, un véritable volcan s'est réveillé.

Tout a commencé par un simple coup de fil. Vers la fin du mois d'août 2016, tandis que je prépare ma rentrée radio à Europe 1 et télé sur Public Sénat, Delenda m'appelle en fin d'après-midi.

« Il faut que je te parle, Sonia. »

Le ton, inhabituellement sec et saccadé, me surprend.

« Je veux comprendre ce qui se passe en France, tous ces débats sur l'islam, les femmes, la laïcité, l'identité, tout ! Je veux qu'on en parle sans tabous. De toi à moi. D'une grand-mère à sa petite-fille. »

À partir de ce moment, Delenda et moi avons décidé de dialoguer quasiment tous les jours. Au téléphone, par courrier ou via Skype, nous avons entretenu un lien continu entre Tunis et Paris.

Ce livre est le fruit de nos échanges. Le résultat de nos témoignages et regards croisés sur les défis actuels.

De la vision de l'islam à la place de la femme, du terrorisme jusqu'à la notion d'identité, toutes les grandes questions contemporaines sont appréhendées à travers le vécu des deux femmes que nous sommes. De deux générations. D'une rive à l'autre de la Méditerranée. C'est une histoire personnelle et universelle que je vais vous raconter.

Chapitre 1

Femmes combattantes

Chaque année voit la même effervescence. La fin de l'été marque le début de la rentrée politique et médiatique. La saison 2016-2017 s'annonce électrique dans la perspective de l'élection présidentielle.

Afin de me préparer au mieux à un démarrage sur les chapeaux de roues, je décide de m'octroyer quelques heures de repos. Et me plonge dans les romans décrits comme incontournables par les médias.

La sélection littéraire, qui va bientôt garnir les rayonnages des librairies, oscille entre stars confirmées et auteurs moins connus. Mon premier choix s'oriente vers une valeur sûre : le roman d'Andreï Makine et son amour inconditionnel pour la Russie. Sa fable historique me transporte dès les premières pages vers les confins de l'Extrême-Orient. À chaque ligne, l'auteur déclare sa flamme à un pays incompris par l'Occident. Très loin de ma Tunisie natale, je voyage au gré de ses pérégrinations dans la taïga sibérienne, le long de la rivière Tchaïa.

Mais ce séjour dans le grand froid va être de courte durée. La sonnerie du téléphone portable m'extirpe brutalement du Far East russe.

« Il faut que je te parle, Sonia. »

Je reconnais à peine la voix de ma grand-mère tant je suis surprise par le ton employé. Tranchant, sec, la phrase de Delenda sonne comme une mise en demeure.

Pour tenter d'inverser la tournure prise par ce début de conversation, je lui lance, amusée : « Et de quoi tu m'accuses ? »

Mamie reste grave. Une solennité inquiète qui ne lui ressemble guère. D'habitude, ses appels de Tunis sont gorgés de soleil et de bonne humeur.

Sous le ciel gris de Paris, nos discussions représentent une parenthèse heureuse. Ma grand-mère est ma première fan. Elle ne manque pas une occasion de commenter et de disséquer chacune de mes émissions à la télévision et à la radio. Et moi je suis toujours à l'écoute, friande de ses remarques frappées au coin du bon sens. Car Delenda a une manière bien à elle d'appréhender les grands sujets qui rythment l'actualité. Son approche est brute et instinctive.

Débarrassée de nos circonvolutions et de nos excès de prudence, elle vit l'actualité davantage qu'elle ne la commente.

Et c'est bien le problème, ce jour-là.

« Je ne comprends pas pourquoi les médias n'ont pas parlé de ce qui s'est passé hier à Kasserine ! », me dit-elle d'une voix accusatrice.

Kasserine, cette ville située au centre-ouest de la Tunisie, est devenue en quelques années l'épicentre de la guerre contre le terrorisme. Régulièrement, les militaires y affrontent des djihadistes retranchés sur les collines, non loin de la frontière algérienne. Les opérations et descentes dans les villages se succèdent avec leur lot d'arrestations et de morts, conséquences de violents affrontements. La région, gangrenée par la pauvreté et le chômage, détient le triste record du plus gros pourvoyeur de djihadistes vers la Syrie. Nombreuses sont les familles qui ont vu partir un de leurs fils sans plus jamais avoir de ses nouvelles. La plupart d'entre eux croupissent aujourd'hui dans les geôles de Damas, s'ils n'ont pas été tués dans la fournaise irako-syrienne.

J'ai toujours été frappée par l'incrédulité que manifestent les parents de ces djihadistes lorsqu'ils apprennent les véritables intentions de leur progéniture. Comme s'ils ne pouvaient accepter, ni même imaginer l'impensable. Je me souviens d'un reportage de la télévision tunisienne, où l'on voyait un père, la mine désespérée, s'exprimer sur le départ de son fils. Vieille casquette vissée sur la tête, vêtements rapiécés, le fermier quinquagénaire décrivait le profil d'un enfant sans problème. Son fils était parti avec les meilleures intentions du monde, jurait-il. Seulement, à son retour, il avait participé à un attentat contre les forces de l'ordre tunisiennes qui s'était soldé par la mort de deux policiers ainsi que par celle du jeune djihadiste.

Le journaliste demandait alors au père ce qui s'était passé pour que son fils se retrouve mêlé à l'attaque ? « Je ne sais pas… Les terroristes lui ont sûrement retourné le cerveau, c'est la seule explication possible, je n'ai plus eu aucun contact avec lui après son départ », lâcha-t-il. Tout comme le reste de la famille, il n'avait donc rien vu, rien entendu, rien deviné. Au village, personne ne savait rien non plus.

Tous ces reportages, et en particulier ceux qui mettent en scène les familles des terroristes, me choquent profondément. En écrivant cela, c'est davantage la citoyenne que la journaliste qui s'exprime. Il existe un manque évident de distance face à ce genre d'événement. Et j'ajouterai aussi une absence de décence. Nous ne pouvons pas, simplement, tendre le micro à des proches qui réclament la dépouille de leur frère ou de leur fils, après que celui-ci eut enlevé la vie à des dizaines d'autres personnes. Nous ne pouvons pas, non plus, les laisser dire, face caméra, qu'ils ne savaient rien du projet funeste avant que la police n'ait définitivement écarté leur responsabilité. La complexité des attentats actuels pose de nombreuses questions quant au traitement de l'information en continu.

Laisser-faire coupable ou véritable tragédie vécue par ces familles, une chose est sûre : la Tunisie doit gérer un phénomène d'une ampleur inédite. Des milliers de jeunes Tunisiens sont partis combattre et gonfler les rangs de l'organisation terroriste Daech. Et le pays se voit désormais confronté à l'immense défi de leur retour. Le chiffre de 5 000 à 6 000 combattants est évoqué. Et déjà quelque 700 djihadistes sont revenus. Emprisonnés ou sous surveillance, la plupart sont des bombes humaines sur le territoire.

Le débat autour de leur suivi enflamme la presse et les responsables politiques locaux. Tout comme en France. Que faire de ces individus ? Le défi se révèle à la fois sécuritaire et sociétal.

Quel paradoxe pour la Tunisie !

Ce petit pays d'Afrique du Nord – qui tente envers et contre tout de sauver sa « révolution » – est devenu, malgré lui, l'un des principaux fournisseurs d'extrémistes.

Pourquoi ? Comment expliquer que cette terre sur laquelle reposent tant d'espoirs soit devenue en quelques années un foyer du terrorisme mondial ?

La réponse se trouve dans la question. La Tunisie est le principal fournisseur d'extrémistes car le pays tente de s'en sortir. Et les djihadistes ont pour objectif de l'en empêcher. Il est impensable, pour Daech, de laisser l'expérience démocratique tunisienne réussir. Tout comme l'Europe, ce pays du Maghreb est donc devenu une cible privilégiée.

Le retour de flamme ne s'est pas fait attendre. Les attaques contre le musée du Bardo à Tunis et l'attentat de la plage de Sousse ont propulsé, en 2015, la Tunisie et ses touristes au triste rang de cibles n° 1 des terroristes.

Mais ce n'est pas le sujet que veut aborder aujourd'hui ma grand-mère. Delenda se dit choquée par le traitement médiatique d'une situation qui m'a totalement échappé. J'ai vite compris que notre conversation allait durer un bon moment et que mon voyage initiatique dans l'archipel des Chantar d'Andreï Makine serait remis à plus tard.

Ainsi commence le réquisitoire de Delenda :

« Vous les médias, en France et dans le monde, il n'y a que le côté sombre des événements qui vous intéresse ! Dès qu'il y a un signe d'espoir, une petite lueur dans l'obscurité, vous ne dites plus rien. Tu sais, Sonia, c'est une lourde responsabilité que de taire certains événements !

— Calme-toi, mamie, je ne vois vraiment pas de quoi tu parles. Explique-toi au moins ! »

Je n'ai pas eu besoin de la prier longtemps. Delenda brûle d'impatience de me raconter ce qui est arrivé la veille, le mercredi 31 août, dans la ville de Kasserine, en Tunisie. Ma grand-mère, ayant un don de conteuse, met toujours un point d'honneur à parler dans un français parfait. Les efforts qu'elle déploie à construire ses phrases, à choisir ses mots, me touchent. Je sais que Delenda le fait pour combler ce qui lui a manqué durant sa jeunesse, le parcours scolaire et universitaire dont ont bénéficié ses enfants et petits-enfants.

D'une voix un peu moins sévère, grave et mystérieuse, elle entame son récit : « Tout s'est passé au petit matin. L'obscurité de la nuit finissante n'avait pas encore laissé place aux lueurs du jour. Des djihadistes retranchés au mont Selloum ont voulu prendre possession d'une cité de la ville de Kasserine. Lourdement armés, certains d'entre eux se sont retranchés dans les maisons des habitants. On pensait vraiment, Sonia, que la cité était tombée entre leurs mains. Comme des ombres venues de l'enfer, ils se démultipliaient dans les rues de cette petite ville perdue. Ils hurlaient que la loi d'Allah était désormais la seule référence. Que les mécréants seraient punis. Les habitants qui les ont vus arriver ont décrit un spectacle de fin du monde. Très vite, les terroristes ont voulu investir la mosquée pour lancer un appel par haut-parleur et tenter d'enrôler la population et la rallier à leur cause funeste.

« C'était sans compter sur le courage des citoyens et surtout des citoyennes de cette région. Les femmes de ce petit bourg appelé Hay El-Karma sont sorties pour chasser les djihadistes. Aux cris de "*Tahya Tounes*" (Vive la Tunisie) et "*Irhèb*, dégage" (Dégage terrorisme), elles ont défié ces traîtres. Tu te rends compte de ce que je te dis ? Alors que les balles fusaient entre militaires et assaillants, ces femmes voilées et non voilées, de tous âges et de milieu très modeste ont dit non au terrorisme ! Non ! Dégage ! On n'en veut pas ! »

Delenda marque un silence, comme pour mieux me faire prendre conscience de l'importance des faits. Puis elle reprend : « Tu sais, on se bat contre les terroristes. Il faut arrêter de dire que les musulmans ne font rien. C'est de la désinformation. Nous sommes des victimes de cet islam dénaturé. Quand je te dis ça, ma petite-fille, je ne cherche pas à cacher d'autres réalités, je sais que la Tunisie fournit le plus grand nombre de djihadistes. Seulement, il faut tout dire : le noir et la couleur, le cauchemar et l'espoir. Je te dis là ce que je pense, je le fais avec mes tripes et mon cœur. »

Voilà donc où ma grand-mère voulait en venir. Delenda a été fortement ébranlée par les attentats qui ont meurtri la France. Ces derniers mois, elle m'a écrit des dizaines de lettres, passé d'innombrables appels à ce sujet. Et parmi ses motifs d'inquiétude, figure en bonne place l'attitude de la population musulmane en France.

Mamie a imaginé et rêvé d'une très grande mobilisation au lendemain du 13 novembre ou après le 14 juillet. Elle s'inquiète de voir se multiplier, au sein de la société française, des appels à une réponse forte des musulmans sans que ces derniers n'y donnent suite de manière massive et visible. C'est pourquoi elle insiste tant sur l'épisode de Kasserine. Il est révélateur, à ses yeux, du combat que mènent les musulmans, et plus singulièrement les Tunisiens, contre le terrorisme. La réaction de ces femmes représente la meilleure réponse à ceux qui dénoncent une forme d'ambiguïté et de passivité de la population musulmane.

Le symbole des femmes de Kasserine ne fera pourtant l'objet d'aucun sujet ou reportage dans les journaux télévisés français. Dommage. Cette victoire si âprement disputée face à un adversaire fanatisé et armé ne pouvait qu'ajouter à la réputation des femmes tunisiennes, véritables combattantes.

Après une heure de conversation, le ton de Delenda s'apaise peu à peu et sa voix se fait plus douce. Elle a exprimé ce qu'elle avait sur le cœur. En la quittant, je me suis longuement renseignée sur l'épisode de Kasserine afin d'en parler le lendemain sur Europe 1 durant l'émission *Le Débat des grandes voix*. Une vidéo tournée le 31 août au matin, disponible sur Internet, montre en effet toutes ces femmes manifestant leur colère dans la rue. Des « youyous » ponctuent leurs slogans improvisés pour chasser les djihadistes. Le poing levé, elles crient leur haine et leur aversion contre ceux qui dénaturent l'islam.

Elles ne sont ni journalistes, ni auteurs, ni intellectuelles. Elles n'ont aucune influence et ne font partie d'aucune sphère de pouvoir. Leur message ne sera pas relayé. Delenda a donc raison : il est de notre responsabilité, nous, journalistes, de donner toutes les nuances du tableau qui se dessine devant nous.

La Tunisie est à la fois un grand vivier de djihadistes et à l'avant-poste de la résistance à l'islamisme radical. Quelque part, au fin fond du pays, des femmes ont dit non. C'était loin des micros et des caméras.

Chapitre 2

Prendre ses responsabilités

Correspondance du 20 novembre 2015 en provenance de Tunisie.

À ma petite-fille adorée,

Je n'arrive toujours pas à imaginer ce qui s'est passé. Les larmes coulent sur mes joues depuis une semaine. Je suis à la fois choquée et troublée. Choquée, par l'ampleur de cet attentat en plein Paris. Je suis aussi troublée par tout ce que j'entends sur les musulmans. Tu me connais, Sonia, je dis tout ce que je pense, Wallah ! [« Je le jure par Allah. »] J'aime notre religion. Ce qui ne m'empêche pas de pouvoir prendre de la distance quand les choses ne tournent pas rond. Et ça ne tourne pas rond, ma petite-fille. Évidemment, je ne me sens pas responsable de toutes ces horreurs ! Je me pose mille questions et je n'en dors plus la nuit. Je lis des dizaines d'articles. Je regarde tous les débats à la télévision sur le sujet.

Je reste perdue. Le piège tendu par Daech peut se refermer sur nous tous. Je sais bien que plusieurs musulmans figurent parmi les victimes des derniers attentats, la question n'est pas là. Il n'y a aucune séparation ni distinction de culture ou de religion entre les morts. Toutefois, il nous faut réagir ! Arrêtons de dire que tout cela n'a rien à voir avec l'islam. Nous sommes tous des victimes, mais il nous faut comprendre pourquoi il y a cette part de religiosité dans le djihadisme. Ne pas le reconnaître serait une grave erreur.

Le djihadisme a une composante politique et religieuse. Bien sûr, les terroristes font dire n'importe quoi aux textes religieux. À nous, aux musulmans, de rétablir la vérité ou du moins la vision de l'islam contemporain.

Si on ne le fait pas avec plus de force, ces menteurs et ces traîtres prendront peu à peu le dessus. Qui peut croire que ces textes, symboles d'une époque révolue et de guerres médiévales d'antan, peuvent être appliqués aujourd'hui ?

J'ai fait un rêve que je voudrais te raconter.

Garde-le pour toi, Sonia. Je ne voudrais pas que les autres se moquent de moi. J'ai rêvé que des millions de musulmans à travers le monde défilaient dans les rues de Tunis, du Caire, d'Amman, de Paris ou de New York pour dire aux djihadistes de Daech qu'on les aura ! Il y avait une foule noire et compacte dans les artères de ces grandes villes. Des jeunes, des moins jeunes et même des vieillards comme ta mamie. En me réveillant le lendemain, j'ai compris que ça resterait un rêve. Tu sais, si j'en avais encore eu la force, je serais descendue dans la rue. Chaque voix compte, même si la mienne représente davantage le passé que l'avenir.

Ce n'est pas simplement notre devoir de musulmans, c'est notre devoir d'humains. Pourquoi vous ne le faites pas en France ? C'est le moment. Maintenant ! Demain, il sera peut-être trop tard.

Je t'embrasse. Que Dieu te protège.

P.-S. : Est-ce que tu as bien reçu mes gâteaux ? Il faut que tu manges un peu, tu ressembles à un moineau à la télévision.

Delenda, ta mamie qui t'adore.

Pendant plusieurs jours, je n'ai pas trouvé le temps de répondre à ma grand-mère. J'étais submergée par cette tragique actualité, et de nombreuses éditions spéciales se multipliaient à la radio et à la télévision. Et puis, que lui dire sur ce grand mouvement qu'elle appelait de ses vœux ? Beaucoup de mes amis français, de culture et de religion musulmane, qui dénoncent cette barbarie, ne souhaitent pas pour autant descendre dans la rue. Ils considèrent que la bataille est globale.

Lorsque l'écrivain Tahar Ben Jelloun écrit dans *Le Monde* du samedi 30 juillet : « Il faut sortir l'islam des griffes de Daech », son appel est salutaire. Lorsqu'il ajoute : « Nous n'avons pas le droit de laisser faire des criminels qui ont décidé que leur vie n'a plus d'importance et qu'ils l'offrent à Daech », ce « Nous » qu'il utilise renvoie à une complicité coupable. Elle me choque. En disant cela, Tahar Ben Jelloun tend une perche aux extrêmes de tous poils qui en profitent pour surfer sur l'idée d'une passivité orchestrée.

N'oublions pas qu'il n'y a pas de culture de la manifestation solidement ancrée chez les musulmans. Il faut apprendre à exprimer haut et fort ses convictions. Pour cela, libérons-nous des instances censées nous représenter. Affranchissons-nous complètement de toutes ces ombres tutélaires qui ne sont pas de bonnes conseillères. À ce titre, le Conseil français du culte musulman ne représente plus que lui-même, et encore. Il n'a pas su se renouveler et s'adapter. Les responsables politiques tentent désespérément de le maintenir en vie, c'est peine perdue. Le malaise qui entoure le rôle du CFCM est désormais devenu trop important.

De nombreuses chapelles sont en concurrence. Les rivalités algéro-tuniso-marocaines ont miné les fondations de cet édifice. Une véritable lutte d'influences a relégué au second plan l'essentiel, à savoir les citoyens de confession musulmane. Mis à part son manque de représentativité, cet organisme souffre aussi de l'absence d'efficacité de ses actions. Quelle est sa position sur le voile ? le burkini ? la viande halal ? ou encore l'identité ? Le Conseil français du culte musulman réagit toujours trop tard, trop peu. Alors qu'il aurait pu incarner un lieu de débats et de confrontations de points de vue, il n'est plus aujourd'hui que l'ombre de lui-même. Les sempiternelles promesses d'un islam de France ne font que l'affaiblir. Plus grand monde ne croit en sa capacité de parler au nom des musulmans de France.

Sans oublier la « concurrence » qui lui est faite par l'UOIF. L'Union des organisations islamiques de France a le cuir épais. Malgré les nombreuses polémiques entourant son rôle, cette branche est toujours présente dans le paysage. Son président, Amar Lasfar ne cesse de démentir les liens qu'on prête à l'UOIF avec la confrérie des Frères musulmans. Toutefois, la preuve n'a pas été apportée que cette organisation n'a rien à voir avec la promotion d'un islam politique. L'ambiguïté est encore savamment orchestrée.

Dans ce paysage confus, vient s'ajouter la nouvelle Fondation de l'islam de France (FIF), présidée par l'ancien ministre Jean-Pierre Chevènement.

CFCM, UOIF, FIF, etc. Qui pour représenter les musulmans de France ? Et doit-on le faire ? Existe-t-il réellement une « communauté musulmane » qui puisse être représentée ? Je crois davantage à une diversité des islams de France.

Les musulmans d'origine algérienne, turque ou marocaine ne voient pas l'organisation de leur culte de la même manière. Cette religion, plus que toute autre, apparaît comme un puzzle qu'il sera difficile de rassembler au sein d'une seule entité.

Finalement, au bout d'une semaine, je me décide à répondre à la lettre de Delenda. Il est tard ce soir-là, quand je tape sur mon clavier les premiers mots de cette correspondance personnelle. Le sujet me tient à cœur.

Ma chère mamie,

Excuse-moi de te répondre avec retard. Cette période, tu t'en doutes, est terrible ici en France. Ta lettre sur le grand mouvement que tu espères m'a troublée.

Il est évident aujourd'hui que l'Europe, et singulièrement la France, est la première cible de ces terroristes. C'est le « ventre mou » de l'Occident que décrivait le Syrien Abu Musab al-Suri dans son appel en 2005. Tes inquiétudes sont légitimes. Mais ce que je retiens avant tout, c'est la force de ce pays. Les réactions sont dignes. La grande majorité des Français font la différence entre l'islam et ce totalitarisme qui nous frappe tous. On a cru au pire à un moment. Il n'y a pas eu de vagues de vengeances.

La France montre qu'elle est un grand pays animé par une résilience hors-norme. C'est pour ça que j'aime tant cette Nation, mamie, elle force le respect et l'admiration. Ne l'oublions pas.

Depuis les attentats de novembre, tout a changé. Alors qu'il y avait eu des réactions contrastées, et pour le moins ambiguës au slogan « Je suis Charlie », cette fois, tout le monde se sent visé. Tout le monde a été ciblé. Les djihadistes se sont attaqués à la société entière. Ce qui m'inquiète aujourd'hui, ce n'est pas tant la réaction des citoyens que celle des politiques. Je crois qu'ils ne mesurent pas le défi qui nous est opposé.

L'enjeu n'est pas la seule lutte contre la radicalisation de ces individus. Il s'agit d'extirper un véritable poison qui s'est distillé dans les veines de la société française. Ce poison s'appelle le salafisme.

Tu sais de quoi je parle, ce fléau a aussi contaminé notre belle Tunisie. Je suis frappée par les nuances que certains cherchent encore à introduire dans le débat pour nous expliquer que le salafisme n'est pas une forme de radicalité. Tu vas peut-être trouver que je vais trop loin, mamie. Je ne le crois pas. Le salafisme c'est l'antichambre qui conduit les individus les moins structurés au passage à l'acte violent. Tous les salafistes ne sont pas des terroristes, bien sûr, mais la majorité des terroristes sont passés par le stade le plus radical du salafisme. Je sais qu'on va m'opposer différentes formes non violentes de salafisme, comme la version quiétiste ou politique. Franchement, nous n'avons plus le temps de tergiverser. Il faut aller à l'essentiel, sans pour autant frapper à l'aveugle, j'en conviens.

Nous devons prendre nos responsabilités par rapport à cette situation. Les politiques, les services de renseignement et la police l'ont sous-estimée. Pour la première fois, je m'exprime en tant que musulmane sur cette idéologie. Elle se propage et gangrène beaucoup de nos territoires. Ce courant salafiste constitue aujourd'hui une passerelle dangereuse, qu'on ne peut pas laisser en l'état. La barrière est trop poreuse.

Comme le dit très justement depuis des années le journaliste David Thomson, une majorité de djihadistes sont passés par le salafisme quiétiste avant de lui préférer le djihadisme. Ce courant ultra-rigoriste a préparé le terrain pour de nombreux jeunes partis combattre en Syrie.

Il y a une sorte de banalisation coupable du salafisme en France. Plus particulièrement dans les banlieues, ce qui a conduit à un rejet de la République. Ce ne sont pas les musulmans qui en sont les seuls responsables, certains élus locaux et nationaux ont fermé les yeux pour s'acheter une paix sociale. Ils ont sali leurs âmes pour de vaines victoires électorales. Tout revient en boomerang un jour ou l'autre.

On veut nous faire croire que c'est trop facile, que le salafisme est une cible toute trouvée. C'est le cas ! Nommer l'ennemi, c'est dénoncer le salafisme. Encore une fois, tu noteras le rôle de l'Arabie saoudite. N'oublions pas qu'historiquement, ce courant, né au XIXe siècle, est un dérivé du wahhabisme.

Arrêtons aussi d'inviter des imams sur les plateaux de télévision et aux micros des radios. J'en ai assez de les voir investir le champ politique. Ce n'est pas leur rôle. L'imam doit rester dans sa mosquée. Je ne me sens pas représentée quand ils parlent au nom des musulmans de France. On marche sur la tête. L'imam parle de politique. Le responsable politique parle de religion. Stop ! Il nous faut retrouver les règles de base de ce débat ô combien essentiel. Chacun à sa place doit mesurer le danger de l'idéologie salafiste.

L'ennemi n'est pas à des milliers de kilomètres. Il lui arrive d'habiter le même immeuble que nous, en France ou en Tunisie.

Le combat ne fait que commencer, mamie. La voie pour parvenir à se débarrasser de ce fléau existe. C'est un chemin de crête. Nous savons toutes les deux qu'il sera long et périlleux.

Prends bien soin de toi, mamitou.

Je t'embrasse,

Ta Sonia.

Chapitre 3

La Goulette, mon amour

Delenda adore son quartier. Pour rien au monde, elle n'échangerait sa maison située à La Goulette contre un endroit plus chic dans les zones huppées de Tunis. Cette petite ville portuaire, à une dizaine de kilomètres au nord de la capitale, représente tout ce qu'elle aime. Elle ne manque pas une occasion de me le rappeler au téléphone, comme ce jour d'octobre 2016. Je remarque tout de suite que sa voix est un peu triste, comme empreinte de nostalgie.

« Je ne te dérange pas, ma Sonia ? » dit-elle en préambule. J'ai pris l'habitude de ne plus répondre à cette question. En réalité, ma grand-mère ne tient absolument pas compte de la réponse. J'ai beau dire cette fois que je suis sur le point d'entrer en studio pour une émission importante, Delenda, imperturbable, poursuit son récit : « Il m'arrive souvent de repenser à mon quartier il y a quelques années. Je te l'ai déjà raconté, c'est important que tu t'en souviennes. C'est un héritage auquel je tiens. La Goulette était un mélange de plusieurs communautés : juives, chrétiennes et musulmanes. On vivait tous dans une harmonie et un respect total. Je dis bien total, ma petite-fille. Que de souvenirs à La Goulette où résonnaient les notes d'Oum Kalthoum durant les longues nuits d'été. »

Ma grand-mère s'arrête brusquement de parler. Ce silence soudain me surprend. Je suppose d'abord qu'elle veut reprendre son souffle. D'un coup, sa voix se fait plus mélodieuse. Voici que Delenda chante. Dès les premières notes, je reconnais l'un des plus célèbres hymnes à l'amour de celle que l'on appelait la cantatrice du peuple, Oum Kalthoum, l'immense artiste égyptienne.

> *Enta Omri* (Tu es ma vie)
>
> *Ragaa'ouni a'einaik el Ayam illi rahou* (Tes yeux m'ont ramenée à mes jours passés)
>
> *A'alamouni andam a'ala El-Madhi wi gerahou* (Ils m'ont appris à regretter le passé et ses blessures)
>
> *Illi shouftouh kabli ma tshoufak a'inaih* (Tout ce que je voyais avant que mes yeux ne te voient était une vie gâchée)…

Oum Kalthoum représentait la voix du monde arabe, comme avait coutume de dire ma grand-mère. Le pouvoir des mots de la cantatrice était envoûtant. Elle a réussi à incarner l'espoir et la fierté de plusieurs peuples à des moments critiques de l'histoire. Derrière ses chansons d'amour, on pouvait aussi décrypter des messages politiques. Delenda se mit alors à entonner un autre des grands succès de l'artiste, *Al Atlal* (Les Ruines).

« Donne-moi ma liberté et lâche mes mains / J'ai tout donné et il ne me reste plus rien / Ah ! Par ton emprise mon poignet saigne / Pourquoi ne pas l'épargner et rester comme je suis / Il ne me reste plus qu'à garder en souvenir mes promesses que tu n'as pas respectées / Sinon le monde ne serait pour moi qu'une prison. »

Ses paroles, susurrées au creux du combiné, me replongent aussitôt dans la moiteur de l'été sous la lumière blanche de Tunis. J'aperçois Delenda assise à sa terrasse. Il est 18 heures, l'heure de la citronnade et des croquants achetés chez le boulanger du coin. Une fleur de jasmin à la main, ma grand-mère a une façon bien à elle de se tenir. Toujours très droite, la tête haute et le menton relevé comme si elle voulait jauger en permanence son interlocuteur. Cette apparente assurance cache en réalité une grande timidité. En présence de ses enfants, Delenda parle peu. Il m'est souvent arrivé, durant nos déjeuners de famille en Tunisie, de l'observer discrètement. Telle une tortue, elle se calfeutre dans sa carapace et laisse les autres se mettre en avant.

Une façon d'être qui tranche avec la liberté caractérisant aujourd'hui mes discussions avec elle.

Tandis que je l'imagine en son domaine de La Goulette, Delenda poursuit : « J'adore mon quartier.

Nous parlions alors l'arabe, le français et l'italien. Il nous arrivait souvent de mêler les trois langues dans une même phrase ! Tu te rends compte, Sonia ? Trois langues dans une même phrase ! C'est incroyable ! Je suis sûre que tu as gardé en mémoire, même si tu étais toute petite, la diversité des origines de tes camarades de l'époque. Te souviens-tu des enfants Bellaiche ? Tu sais, les petits Bellaiche, à deux rues de la maison, au bord de la plage, à côté de l'épicier Amar ? »

Perplexe, je réfléchis de longues secondes. À l'autre bout du fil, mamie s'impatiente. Pour ne pas la décevoir, j'abonde dans son sens même si, malheureusement, je n'ai gardé aucun souvenir précis de la famille dont elle me parle. Je vois bien qu'elle a envie de m'emmener dans les ruelles de La Goulette d'antan. Ma grand-mère a douloureusement vécu le départ des Juifs de Tunis. À chaque exil ou fermeture de restaurant, comme le très connu « Mamie Lily », elle m'explique que c'est un bout de notre identité qui s'envole avec eux. Lorsque Delenda parle de cette époque, sa voix est certes imbibée de nostalgie, mais aussi d'une certaine fierté. Elle a toujours insisté sur le symbole que représentait La Goulette. Une exception culturelle, un havre de paix et une mosaïque religieuse. Avec son église, ses mosquées et sa synagogue, cet ancien quartier de pêcheurs constituait un puzzle joyeux de différentes communautés. Elle est fière d'y habiter encore aujourd'hui.

« Ah ! Tu t'en souviens alors. C'est bien ma petite-fille, je suis fière. Tu as une bonne mémoire comme ta grand-mère. Tu adorais aller rendre visite à la famille Bellaiche. Tu étais impressionnée par le charisme et la générosité de leur grand-mère. Tu me disais souvent qu'elle ressemblait à ces femmes sur les vieilles cartes postales jaunies par le temps. Enfin (Soupir) !… Tout cela semble si loin, ma Sonia. Je t'avoue que je suis un peu triste en te parlant de ça. Tout me manque. Je me languis de cette diversité qui a, peu à peu, disparu. Je suis nostalgique de l'époque bénie où les femmes tunisiennes portaient le *sefsari*, ce voile traditionnel de couleur blanche ou crème, presque révolu de nos jours. Ce bout de tissu était synonyme de pudeur et de tradition. Les femmes le laissaient souvent tomber nonchalamment, découvrant ainsi leurs longs cheveux de jais. Dans les dédales des ruelles, ces ombres blanches me faisaient penser à des colombes sous le soleil lourd de Tunis.

« Mais certains préfèrent regarder passer à présent des sortes de corbeaux tout en noir affublés de leur burqa ! Ça n'a rien à voir avec nos traditions ! Rien ! Tu sais ce que je pense de ce bout de tissu : Oui à la liberté, non à la provocation ! Plus on se couvre pour les femmes, plus on se laisse pousser une barbe effrayante pour les hommes, moins on sait de choses sur la religion. Je l'affirme haut et fort : ces femmes et ces hommes qui se griment en savent beaucoup moins que moi sur l'islam ! Que savent-ils de la vraie spiritualité ?

« Laisse-moi te raconter une petite anecdote historique à ce sujet. Tu veux bien ? »

Nul besoin de répondre encore une fois. Je n'allais pas échapper à une plongée dans l'histoire et ses leçons. Mamie a envie de parler et il m'est très difficile de la contrarier. Il faut dire que c'est elle qui m'a éduquée ainsi, dans le respect des anciens. Peu importe ce que j'ai à faire de très urgent, il est plus précieux de la laisser me conter ces histoires. Et ce n'est pas négociable. Delenda a toujours le dernier mot.

« Tu connais sûrement cette photo du président Habib Bourguiba s'avançant vers la foule et enlevant son *sefsari* à une femme venue l'applaudir. Quand je parle de cette photo, beaucoup me disent qu'en faisant cela, Bourguiba ôtait un droit à la femme tunisienne. Le droit de choisir de porter ou non ce voile blanc de l'époque. À leurs yeux à eux, il était un despote.

« Un despote peut-être, mais alors un despote éclairé ! Et c'est là toute la différence, Sonia. Je ne dis pas que Bourguiba était un démocrate au sens où on l'entend aujourd'hui. Seulement, il avait une vision pour son pays et pour l'avenir de la femme. On oublie qu'avec ce geste qui a marqué la Tunisie et bien au-delà, le père de l'indépendance voulait d'abord dire à la femme qu'elle était une citoyenne à part entière, qu'elle ne devait pas se résigner à son sort, qu'elle pouvait être l'égale de l'homme. Oui, l'égale de l'homme à cette époque ! C'est pour ça, ma petite-fille adorée, que ta grand-mère n'a jamais porté le voile. Je ne suis ni une exception ni un exemple mais une femme qui, à cette période-là, en voyant ce geste, a choisi d'affirmer son statut de citoyenne tunisienne à part entière. Une citoyenne au libre arbitre. C'est mon choix. Je l'assume.

« Je n'ai pas besoin du voile pour me sentir musulmane et encore moins pour me convaincre que je suis une bonne musulmane. Ce n'est ni dans mes principes ni dans ma tradition de le porter. Sais-tu que ton arrière-grand-mère ne le portait pas non plus ? Et pourtant, elle était la femme d'un haut dignitaire très respecté. Ton arrière-grand-père était ce que l'on appelle un *Kadhi*, sorte de juge musulman remplissant des fonctions civiles, judiciaires et religieuses. Il était sévère sur les principes. Pourtant, il n'a jamais obligé ton arrière-grand-mère Saida à porter le voile. Il respectait la liberté de chacun tant que cela ne posait pas de problèmes à autrui. Ces signes ne font pas de nous de bonnes ou de mauvaises musulmanes. La religion, je te le dis et te le répète, se vit chez soi et au plus profond de son cœur. Ne l'oublie jamais et ne laisse personne te prétendre le contraire. Celui qui voudra te le faire croire est animé de mauvaises intentions, ma petite-fille. Celui qui affirmera que ta religion doit se montrer et s'exposer, ne l'écoute pas, détourne-toi de son chemin. La vraie spiritualité, tu la portes en toi, dans ton cœur. »

Les paroles de ma grand-mère résonnent fort en moi. J'ai toujours eu beaucoup de mal à parler de religion en public. La croyance ne peut être qu'intime à mon sens. J'ai toujours suivi et respecté la culture musulmane qu'on m'a inculquée. Et je suis aujourd'hui profondément ulcérée par la barbarie djihadiste qui se drape de notre religion. Un profond examen de conscience doit être fait. Ceux qui affirment qu'il n'y a aucun problème avec l'islam ne nous rendent pas service.

Je ne sais pas exactement quel est le but des « islamo-gauchistes ». Une chose est sûre, ils sont, à mes yeux, totalement hors sujet. À chaque tentative sérieuse de débat, ils nous renvoient à la figure l'argument de l'islamophobie, devenue le slogan politique et démagogique d'une bien-pensance en perte de repères. En faisant passer les musulmans pour d'éternelles victimes, ils nous infligent une double peine. Faire de nous les exploités de la société qu'il faudrait à tout prix assister, et nous empêcher de mener une réflexion de fonds indispensable.

Il faut pouvoir parler librement de religion, débattre, que l'islam accepte de se remettre en question, de briser certains tabous. Une religion figée, qui refuse de s'adapter à l'évolution du monde, se met elle-même en danger.

Ne nous y trompons pas. Il ne s'agit pas de rééduquer les musulmans, de nous expliquer ce qu'est la

République comme si nous sortions de nos cavernes. Non. Il s'agit de mettre sur la table ce qui pose problème avec le statut de la femme, les interprétations des différentes sourates, etc. Faire ce travail ne signifie pas tourner le dos à notre religion ! Au contraire. Il s'agit de l'ancrer dans une modernité et une réalité que nous incarnons tous dans les différents pays occidentaux où nous sommes nés ou avons choisi de vivre. Pourquoi insulter celles et ceux qui demandent cette introspection ? Nous ne sommes pas les fossoyeurs de la religion, nous en sommes l'assurance-vie en quelque sorte. L'islam ne pourra s'épanouir dans la République qu'en passant par cet examen de conscience indispensable. Il ne suffit plus de dire que l'islamisme n'a rien à voir avec l'islam.

Notre conversation touche presque à sa fin. Avant de raccrocher, ma grand-mère tient à revenir une dernière fois sur ses souvenirs.

« Ta vie, Sonia, est aujourd'hui en France, à Paris. La mienne reste marquée par tous ces souvenirs et ce quartier de La Goulette que j'aime tant. Au moment où je te parle, je regarde par la fenêtre et je ne vois plus les ombres élégantes des femmes d'antan avec leur *sefsari* blancs. Tout cela doit te paraître bien nostalgique et mélancolique. N'oublie pas, mon enfant, que rien n'est acquis dans l'existence. Il te faudra persévérer sur la route que nous t'avons modestement tracée, nous les femmes d'une époque révolue. Tu devras toujours te battre pour tes droits. Garde cette rage en toi. Ne tombe pas dans le confort de ceux qui croient que tout leur est dû. Je te fais confiance. Je veillerai toujours sur toi, où que je sois. »

Chapitre 4

Islam politique

La Tunisie connaît en ce moment beaucoup de vents contraires. Parfois provoqués par des pays dits « amis ». Je me suis souvent interrogée sur les relations entre les chancelleries occidentales et les mouvements islamistes tunisiens et égyptiens.

Les États-Unis, par exemple, n'ont jamais caché leurs liens avec les membres de la confrérie des Frères musulmans. Cette relation, ancienne, remonte au moins au début de la guerre froide si ce n'est plus loin, à l'époque coloniale.

L'ère Trump annonce un profond changement. Le nouveau président américain a dénoncé durant sa campagne cet islam politique. Le milliardaire, récemment installé à la Maison-Blanche, devrait faire preuve de pragmatisme sur ce sujet. Mais jusqu'où ira-t-il dans sa lutte ? En confondant musulmans et islamistes, il nourrit la propagande des terroristes. En diabolisant en bloc l'islam, il exclut une grande partie des citoyens de la planète en raison de leur religion. Le combat contre l'islamisme radical ne doit pas conduire à une islamophobie institutionnalisée par l'équipe Trump. Le monde le jugera sur les faits. La société civile l'a placée sous surveillance. Qu'en est-il de l'administration précédente au sujet de la guerre contre l'extrémisme religieux ? L'heure est au bilan.

Peut-on dire que l'Amérique d'Obama a directement soutenu l'islam politique dans certains pays ? Je ne l'affirmerais pas ainsi. Je constate, cependant, que dans la foulée des « Printemps arabes », certaines déclarations de hauts responsables US ont provoqué un malaise dans la région. À commencer par ceux d'Hillary Clinton à l'époque secrétaire d'État.

C'était en février 2012, en marge d'une conférence internationale intitulée « Les Amis de la Syrie ». Mme Clinton, en tournée au Maghreb, avait souhaité rencontrer à Tunis des représentants de ce que l'on appelle communément la société civile. Ce jour-là, au palais Ennejma Ezzahra à Sidi Bou Saïd, elle était entourée de plusieurs blogueurs, entrepreneurs et militants associatifs tunisiens. Dans une allocution d'une vingtaine de minutes, la secrétaire d'État américaine ne manqua pas de mettre en avant l'exemple tunisien, le qualifiant de source d'inspiration pour le reste du monde arabe.

Un discours lisse et consensuel, jusqu'au moment où elle fut interpellée sur le rôle des islamistes en Tunisie. Au sujet du mouvement Ennahdha, à l'époque au pouvoir, Hillary Clinton s'est montrée d'une très grande bienveillance, privilégiant le *wait and see*. La secrétaire d'État avait affirmé que ce parti « avait l'opportunité de montrer qu'une politique islamiste était compatible avec la démocratie ». Et d'ajouter : « Je suis confiante, très, très, très confiante. »

Ce qui m'avait immédiatement frappée dans ce discours, c'était l'absence totale de toute mise en garde contre le risque d'abolition de certains droits des femmes. Pourtant, les Tunisiennes craignaient et craignent toujours pour leurs libertés. Sans oublier que la perspective d'une nouvelle constitution représentait à l'époque un enjeu majeur pour le pays.

Mme Clinton n'avait pas jugé bon de froisser les islamistes tunisiens. Il ne faut pas insulter l'avenir a-t-elle dû penser, sans imaginer qu'un jour elle allait devoir quitter la scène politique. Un an plus tôt, en novembre 2011, elle déclarait que les États-Unis étaient prêts à coopérer avec les islamistes vainqueurs des élections tunisiennes, soulignant que « les islamistes ne sont pas tous les mêmes ». Pourquoi ne pas avoir assorti cette autre déclaration d'une simple nuance ? Pourquoi ne pas avoir insisté sur un éventuel risque pour les femmes tunisiennes ? Qu'est-ce qu'il lui en aurait coûté de dire cela ? D'ajouter une phrase, une seule ? Par prudence, elle ne le fera pas.

Je suis impatiente de connaître l'avis de Delenda à ce sujet, et plus largement sur la nouvelle présidence de Donald Trump. Pour une fois, j'ai donc précédé son appel. À ma grande surprise, elle me dit ne pas vouloir en parler au téléphone. Comme il n'y a aucun secret ni tabou sur ce thème, ma grand-mère souhaite simplement expérimenter un autre moyen de communication.

Finis les appels, rangées les correspondances, place à l'application Skype permettant d'appeler son interlocuteur via son ordinateur.

Delenda veut être moderne. Une véritable révolution pour elle. Ses enfants ont passé toute la journée à lui expliquer le fonctionnement de cette technologie.

Finalcment, elle a réussi à me joindre en début de soirée. Après quelques réglages techniques, ma grand-mère fait son apparition sur mon écran. Pomponnée et tout apprêtée, elle semble sur le point de sortir.

« Pourquoi tu t'es habillée et maquillée, mamie, tu as un dîner ?

— Non… on m'a dit que j'allais apparaître sur grand écran, alors je me suis faite belle, voilà tout ! »

Je laisse éclater un grand rire qui la contrarie un peu. La situation est cocasse. Je n'arrive pas à me retenir. Delenda pense vraiment que d'autres internautes vont la voir. Elle est donc en représentation, comme au théâtre. La scène me touche. Je suis heureuse de ces rendez-vous quotidiens avec ma grand-mère. Malgré un emploi du temps affreusement chargé, je sais que ces moments nous sont précieux. Je les préserve et ne montre aucun signe d'impatience. Jamais. Ce soir, c'est plutôt elle qui est impatiente !

« Bon, bon, allez ça suffit de rire et de te moquer de ta grand-mère, on doit parler d'un sujet sérieux. C'est toi qui voulais l'aborder en plus. Je suis prête. Tu sais que la géopolitique me passionne. Je me suis renseignée avant de t'appeler par Kype.

— Hum… On dit Skype, mamie.

— Je dis ce que je veux ! lance-t-elle d'un ton faussement sévère. Et de poursuivre : Sonia, tu voulais parler de ce sujet mais ce n'est pas un débat nouveau. J'ai lu des dizaines d'articles sérieux qui évoquent les relations anciennes et troubles entre les différentes administrations américaines et les tenants de l'islam politique. Je pense que ça va changer avec Trump. Mais avant lui, les États-Unis ont cherché à installer des islamistes à la tête de pays arabes, ou en tous les cas ils n'étaient pas contre leur arrivée au pouvoir. D'ailleurs, pour mieux faire passer la pilule, ils utilisent l'expression d'"islamistes modérés". C'est ridicule ça ! C'est pour mieux les parer de vertus prétendues humanistes. Un islamiste reste un islamiste. Ce courant politique présente peut-être plusieurs visages mais un seul objectif : la religion au pouvoir. C'est une idéologie, euh… comment dire, je cherche mes mots… théocratique et expansionniste !

— Eh ben, tu en connais des choses, mamie ! Tu vas bientôt pouvoir intervenir sur les plateaux de télévision. »

Je devine que cette petite phrase lui fait plaisir. En revanche, je ne dirai pas à Delenda ce que j'ai deviné depuis un certain temps. Elle a pris l'habitude de réciter des extraits d'articles, faisant croire que ce sont ses propres phrases. Je sais pertinemment que les mots « théocratique » et « expansionniste » ne font pas partie naturellement de son vocabulaire.

Ma grand-mère se plaît à les utiliser pour m'impressionner. Delenda parle d'abord à sa petite-fille, mais elle ne perd jamais de vue qu'elle s'adresse aussi à une journaliste, forcément au fait de ces sujets. Elle passe donc une grande partie de sa journée à se préparer et à aiguiser ses arguments pour me tenir la dragée haute. Ce qu'elle réussit à faire avec quelques astuces bien trouvées.

Concernant l'islam politique, Delenda se montre beaucoup plus radicale que moi. J'essaye de lui expliquer mon point de vue :

« Je comprends tes inquiétudes. Seulement, tu ne peux plus exclure aujourd'hui les islamistes du jeu politique dans les pays arabes. On ne va pas retomber dans les heures sombres d'une chasse aux sorcières, au terme de laquelle tu vas enfermer tous les barbus ! Ils sont là désormais. C'est vrai qu'au début, les États-

Unis ont affiché leur enthousiasme en faveur des islamistes, notamment en Tunisie. La France n'était pas en reste non plus. L'ex-ministre des Affaires étrangères, Laurent Fabius, n'avait que le mot "islamiste modéré" à la bouche ! Tout ça a créé une incroyable confusion. Je crois que la page peut se tourner avec Trump, s'il respecte ce qu'il a dit durant sa campagne, ce qui n'est pas gagné ! Je n'ai aucune sympathie pour lui. Toutefois, dans ce domaine, c'est un pragmatique qui vraisemblablement ne veut pas jouer à l'apprenti sorcier avec les idéologies islamistes. Et puis il s'occupera d'abord de son pays.

« Tu sais, on avait eu le même débat il y a quelques années en ce qui concerne Erdogan. Tu te souviens des articles qui vantaient les mérites d'une Turquie moderne avec l'arrivée au pouvoir de cet islamiste modéré ? Eh oui ! Celui qui est aujourd'hui le leader de la réislamisation de son pays était présenté comme un "modéré" par les médias occidentaux. Résultat ? Erdogan a enfourché le cheval de Troie de la démocratie pour façonner la Turquie à sa main. La presse était remplie d'articles dithyrambiques soulignant l'incroyable *success story* économique de ce pays grâce à son Premier ministre de l'époque… A-t-on alors mal jugé qui était vraiment Erdogan ? Ou a-t-on fermé les yeux sur l'autocrate en devenir ? La Turquie fait partie de ces pays qui ont joué un double jeu mortifère au début de la guerre contre Daech. Avec un pied dans l'alliance atlantique et un autre en soutien du djihadisme. Aujourd'hui, on ne peut plus se passer de la Turquie dans le dossier des réfugiés ou sur le front dans les batailles de Mossoul ou de Raqqa. Erdogan tient l'Europe avec la complicité involontaire d'Angela Merkel. Le président turc peut, à tout moment, ouvrir les vannes pour laisser déferler sur l'Europe occidentale des milliers de réfugiés retenus dans des camps, sur ses terres.

« Plus rien ne l'arrête. Aucun chef d'État occidental ne peut sérieusement faire pression sur lui. Le modèle turc tant vanté il y a quelques années est devenu un épouvantail aux portes de l'Europe. Depuis la tentative avortée de coup d'État, le pays subit une purge sans précédent. Le climat de suspicion pèse sur tous les Turcs. Journalistes, professeurs, soldats, écrivains, policiers, tous peuvent subir les foudres du régime au moindre doute. Et se retrouver dans les prisons d'Erdogan, "l'islamiste modéré".

« En 2003 pourtant, la Turquie était la référence. Le régime de l'AKP plaisait à l'Europe. Tous ceux qui, hier, applaudissaient à l'islamisme modéré d'Erdogan ont fait la démonstration d'une complicité coupable. Je ne crois pas en leur naïveté politique. Je crains malheureusement qu'ils aient vu son vrai visage sous le vernis de la modernité. Il est trop tard maintenant. Le maître d'Ankara a reniflé toutes les faiblesses de l'Europe et il les exploite méthodiquement.

— Je t'arrête, Sonia. N'oublie pas le rôle de l'Arabie saoudite et compagnie ! On voit bien qu'en France, vous avez beaucoup de mal à en parler, n'est-ce pas ? Je vais d'ailleurs commander un livre sur ce sujet !

— Le livre de Chesnot et Malbrunot, *Nos Très Chers Émirs* ? Je l'ai, je vais te l'envoyer, mamie. Tu abordes un sujet essentiel ! La responsabilité, sur le plan idéologique, du wahhabisme dans l'émergence du terrorisme islamiste ? C'est une responsabilité majeure, je le pense. Il est toujours difficile de parler des liens étroits entre le djihadisme et l'Arabie saoudite… La France a tant d'intérêts avec le royaume. Mais, tu sais, c'est un secret de Polichinelle ici.

— C'est qui ce Polichinelle ? Et qu'est-ce qu'il vient faire dans notre discussion ?

— (Rires.) Je t'adore ! C'est une expression… Ça veut dire que tout le monde le sait mais qu'on en parle quand même comme d'un secret. Laisse-moi poursuivre mon raisonnement, s'il te plaît. Le terrorisme c'est un moyen, celui de terroriser. Le vrai fléau, c'est l'idéologie. C'est un poison qui se répand à vitesse grand V partout, dans les têtes, dans les quartiers. Quand j'entends parler de déradicalisation, j'ai l'impression qu'on me raconte une vaste blague ! Comme si c'était aussi facile qu'une opération de dératisation.

« Ils veulent déconstruire l'idéologie djihadiste, je leur dis bonne chance ! La déradicalisation est un leurre qu'on présente au grand public pour le rassurer et lui faire croire que nous avons une solution.

« Malheureusement, il n'y a pas de grande réflexion pour savoir comment venir à bout de ce fléau. Et cette question me trouble profondément. Comment des Français se retournent-ils contre d'autres Français ? Comment peut-on ressentir autant de haine vis-à-vis de son propre pays ? Beaucoup de ces terroristes sont aussi français, mamie, ne l'oublie pas ! Tu sais, j'en parle rarement. Je me souviens parfaitement du jour où j'ai obtenu la nationalité française. Ce n'était pas une simple formalité pour moi. J'ai toujours ressenti une forte proximité avec la France, sa culture, sa littérature, tout ce qui fait l'identité française. Ce mot ne me choque pas. Je suis convaincue que l'islam est compatible avec la République. Ces terroristes se considèrent peut-être comme musulmans, toi, mamie, qui connaît bien notre religion, tu sais que ce sont eux les mécréants, les traîtres ! Je vais te dire par quoi ils sont animés ! Par une idéologie totalitaire. Oui, totalitaire. Le mot convient parfaitement à leur dessein. L'islam n'est qu'un moyen de rassembler les ouailles, quels que soient leur origine et leur milieu social ou culturel, vers le fantasme d'une *oumma* (la communauté). Ils veulent répandre l'idée du musulman toujours victime de l'Occident. Victime en France car pas ou peu intégré. Et victime aussi dans les pays arabes à cause des conflits géopolitiques…

— Ma petite-fille, tu as sûrement raison. Parfois, tout ça dépasse ta pauvre grand-mère… Tu ne crois pas que c'est trop intellectuel ? Ce sont des sauvages, des criminels voilà tout !

— Ah non, mamie ! Toi qui dévores les livres d'histoire et de géopolitique – et je sais que tu continues à le faire en cachette le soir –, tu ne peux pas juste te limiter à ça. Il faut raisonner pour comprendre. Ok, ce sont des sauvages et après ?...

— Qui t'a dit que je lis tard le soir ? C'est encore ta mère qui me surveille et qui te raconte tout... Quelle famille alors ! Je suis en résidence surveillée ou quoi ? Vous ne voulez pas me mettre un bracelet électronique tant qu'on y est... Pff... !

— Allons bon, tu t'énerves maintenant. Je vais te laisser aller dormir, juste une précision parce que tu as parlé tout à l'heure de l'Arabie saoudite : selon moi, ils sont les principaux vecteurs de cette idéologie totalitaire. Le problème c'est que tout n'est pas noir ou blanc. Même le royaume a récemment subi de nombreuses attaques terroristes et le chef du groupe terroriste Daech, Abou Bakr al-Baghdadi... »

Delenda m'interrompt : « Tfou ! Tfou... Je lui crache à la figure lui ! »

Elle est décidément très en forme ce soir. Mamie accompagnant souvent le geste à la parole, elle a mimé un crachat virtuel pour exprimer son dégoût à l'évocation du nom d'al-Baghdadi.

« Ok, on va y arriver, je reprends donc. Je te disais que les terroristes menacent désormais l'Arabie saoudite. Médine, Djeddah, Qatif et d'autres villes ont été secouées par des attaques portant la marque de Daech. À chaque fois, les kamikazes font exploser leurs bombes près des mosquées. L'Arabie saoudite est aujourd'hui prise à son propre piège. Désormais, les djihadistes, dont certains de nationalité saoudienne, veulent détruire ceux qu'ils considèrent comme des apostats. On assiste à une vraie guerre à l'intérieur d'une même doctrine qui est celle du wahhabisme, cette doctrine ultra-rigoriste de l'islam. Toutefois, cela n'exonère en rien la responsabilité du royaume dans l'émergence de Daech. Pour certains experts, l'Arabie saoudite est un Daech qui a réussi. Comment l'Occident peut-il alors mener la guerre contre l'un et dérouler le tapis rouge à l'autre ? Tant que ce point ne sera pas éclairci, tant que nous continuerons à être schizophrènes, nous partons perdants dans cette bataille qui va durer des années…

« Tu sais que je te vois par Skype, tu t'es assoupie là. Tes yeux sont à moitié clos ! Si je t'ennuie, faut me le dire. De toute façon, il est très tard, il est temps que tu te couches maintenant. »

Dans un sursaut, ma grand-mère me lance une dernière phrase avant l'écran noir : « Dis-moi, c'est le monde à l'envers, c'est ma petite-fille qui m'envoie au lit. Petite chipie va ! *Liltek Zina* (Que ta nuit soit belle) ! »

Chapitre 5

DIS-MOI QUEL EST TON PRÉNOM, JE TE DIRAI QUI TU ES ?

Samedi 9 octobre, 13 h 30. Je suis à Europe 1 dans le studio Merlin, lorsque mon téléphone se met à vibrer frénétiquement. J'ai pris l'habitude de le garder à proximité pour ne rien manquer des informations qui me parviennent, soit par dépêches de l'Agence France-Presse (AFP), soit directement par SMS. Ce jour-là, il ne s'agit ni d'un communiqué urgent ni d'une donnée susceptible de nourrir le débat des grandes voix que j'anime sur la station de la rue François-Ier.

C'est un appel de Delenda. Concentrée sur mon émission, je ne peux que l'ignorer en plein direct. Nous débattions alors de la semaine noire de Nicolas Sarkozy en chute libre dans les sondages et aux prises dans les filets de l'affaire tentaculaire Bygmalion. Entourée de Catherine Nay, Michèle Cotta, Robert Namias et Charles Villeneuve, je poursuis l'émission en insistant sur la campagne d'Alain Juppé. Le maire de Bordeaux est quasiment déjà intronisé président de la République par la presse. Plusieurs unes de journaux s'aventurent à titrer : « Juppé, le Président ». Il était devenu, malgré lui, le candidat du système. Sur ce sujet, le débat s'enflamme, toujours dans une ambiance chaleureuse qui est la marque de l'émission. Absorbée par nos échanges, je jette un coup d'œil distrait à mon téléphone. Les appels de Delenda se multiplient. Pourtant, ma grand-mère sait pertinemment que je suis à l'antenne.

Pourquoi insiste-t-elle ? S'est-il passé quelque chose de grave ? Je profite d'une pause publicitaire pour lui envoyer un message et lui demander de quoi il retourne. Quelques secondes à peine après l'envoi du SMS, sa réponse fuse en style télégraphique : « Dois te parler d'une polémique en France ! » Je lui renvoie aussitôt ce mot : « J'étais inquiète. Une polémique ? Ce n'est pas très grave apparemment ! » Sa réponse est immédiate : « Si, ça l'est ! »

Il est 14 heures. Je viens à peine de rendre l'antenne quand le téléphone sonne de nouveau. Cette fois, je suis coincée. Il vaut mieux lui répondre. Delenda n'a aucune patience quand un sujet la tracasse. Isolée dans l'une des cabines de montage à la rédaction d'Europe 1, je ne me doutais pas que notre conversation allait porter, ce jour-là, sur nos prénoms respectifs.

Dis-moi quel est ton prénom, je te dirai qui tu es ?

« Sonia, qu'est-ce que tu penses de ton prénom ? Si je te pose cette question c'est par rapport aux récentes déclarations de celui qui crée tout le temps des polémiques chez vous, comment il s'appelle déjà ? Le type là, toujours excité, qui fait régulièrement la une des journaux. Dès qu'il sort un livre, on dirait qu'il va devenir président de la République... Mais si, tu sais, celui que personne ne veut recevoir à la télé et après tu le vois partout comme par hasard...

— Tu parles de Zemmour ?

— Oui, oui, c'est ça ! Zemmour ! Tu sais ce qu'il a dit ?

— Pas encore, mais je sens que tu vas me le rapporter !

— Qu'il faut donner aux enfants des prénoms français ! Si tu appelles ta petite fille Fatma ou ton petit garçon Mohamed, tu vas favoriser leur exclusion plus tard ! Ce Zemmour affirme que les prénoms musulmans ou juifs sont des facteurs... euh des facteurs..., attends je cherche le mot, je ne le connais pas, je viens de l'apprendre, alors je l'ai écrit sur un bout de papier. Ah voilà ! Des facteurs d'auto... d'auto-ségrégation ! Tu sais ce que ça veut dire ? Que les parents sont responsables des échecs à venir de leurs enfants. Eh ben Rachida Dati lui a dit d'aller se faire soigner parce qu'il a critiqué le choix du prénom de sa fille, Zohra.

— Et toi, qu'en penses-tu, mamie ? »

Delenda marque un silence. Je la connais bien. Elle veut me montrer qu'elle ne prend pas ce sujet à la légère et qu'elle y a réfléchi. Et c'était le cas. Elle a travaillé la question, non pas sur les prénoms des enfants, plutôt sur le symptôme Zemmour.

« Il ne faut pas le traiter comme un fou, ma petite-fille, parce qu'il dit beaucoup de ce qui ne va pas en France. Sinon, explique-moi comment un fou pourrait vendre tous ces milliers de livres ? Zemmour c'est comme un thermomètre, quand il est chaud bouillant, ça veut dire que ça ne va pas fort en France. Tu sais, les gens qui ont une vie très dure, qui ont peur pour leurs enfants, ils l'écoutent ce Zemmour, même s'il n'a pas de solutions, ils l'écoutent ! »

Pressée par le temps, j'abrège notre conversation, en promettant à Delenda de la rappeler dans la soirée. Depuis notre échange, je ne cesse de repenser à ce qu'elle m'a dit. Ses remarques m'ont turlupinée toute la journée. Ma grand-mère a raison : Zemmour n'est pas fou. Si c'était le cas, nous serions, nous les médias, complices de sa démence pour l'avoir invité matin, midi et soir sur nos plateaux lors de la promotion de ses ouvrages. En réalité, nous ne savons pas quoi en faire. Où classer les Zemmour, Ménard et autres Buisson ? Pour *L'Obs*, le récent livre d'Éric Zemmour est un « délire islamophobe ». « Il faut déradicaliser Zemmour », selon *Libération*. Comme s'il fallait le désintoxiquer de ses transgressions, l'enfermer dans un centre spécialisé en « dézemmourisation ». On lui donnerait des cachets à longueur de journée pour le « défanatiser » et lui ôter ses pensées que nous jugeons scandaleuses. Et après ? Il y en aura toujours d'autres pour porter ses idées. Appelez-les des identitaires, des extrêmes, des fous, tout ce qui vous plaira ! La seule façon d'y faire face est de répondre à leurs arguments.

Sur la polémique évoquée par ma grand-mère, le but d'Éric Zemmour est clair. Il a beau citer une diversité de prénoms dans son réquisitoire, ce qu'il vise en premier lieu, ce sont les prénoms arabes. Ce qui le dérange ce sont les Malik, Zohra, Yasmine et autres Fatma. C'est pour cela qu'il a lancé sur RTL : « Le prénom, c'est la France. »

En résumé, si tu n'as pas prénommé ton enfant François ou Martine, tu vas en faire un futur exclu, un chômeur et probablement un délinquant zonard. Cette polémique n'est pas à sous-estimer. Zemmour va beaucoup plus loin que cela.

Il dit aux Français de confession ou de culture musulmane : vous devez choisir ! Soit c'est la France, soit vous optez pour vos origines et votre religion. Pour lui, l'islam n'est pas une religion, mais une loi et un droit que des cohortes de musulmans veulent imposer en France. Est-ce qu'il y en a qui veulent imposer leur religion ? Oui, je réponds clairement oui. Est-ce la majorité ? Non ! Je n'ai pas de chiffres, pas de statistiques, pas de données infaillibles. Seulement, s'il s'agissait de la majorité, nous serions déjà en guerre civile. Les cassandres de l'apocalypse comme Zemmour nous la prédisent pour bientôt. Je n'y crois pas. Il est vrai que, depuis quelques années, les attentats sur notre sol donnent de terribles coups de boutoir à notre unité. L'angélisme ou le déni de réalité sont de formidables accélérateurs de cette fracture mortifère. Toutefois, je crois en cette majorité silencieuse de musulmans en France. Elle vit sa religion dans un cadre privé, en cohérence avec les lois de la République. Certains se plaignent de ne pas suffisamment l'entendre. C'est précisément parce qu'elle est intégrée.

Soyons sérieux, ce n'est pas en choisissant des prénoms sélectionnés par monsieur Zemmour, comme s'il était l'arbitre de nos vies, que les petites filles ou les petits garçons, de religion ou de culture musulmane, seront demain de « bons » Français. Ses propos sont choquants, ce débat dépassé. Il ne s'agit pas de choisir entre intégration ou assimilation. Tout cela n'est que de la petite politicaille.

Le véritable enjeu des années à venir est de savoir quelles sont les valeurs que nous partageons. Bien que galvaudé, le mot « valeur » est essentiel. Il ne s'agit pas de savoir si le petit Mohamed ou la jeune Malika seront intégrés ou bien assimilés. Le grand défi est celui des valeurs qui fondent le socle républicain. Quelles sont celles qui permettront à Mohamed ou

Malika, une fois adultes, de partager totalement les valeurs de la République. Pour répondre à cette urgence, il faudrait stopper les politiques de promotion de l'égalité et de discrimination positive. Tout cela ne fait que renforcer le clientélisme religieux et la dérive communautariste. Nous ne sommes pas des victimes. Bien sûr, il y a des difficultés sociales, d'énormes problèmes d'accès à l'éducation, à l'emploi. Cela étant, il ne faut pas accréditer l'idée que les musulmans sont des citoyens à assister ! Stop à cette victimisation permanente. Elle nous enferme dans un cercle vicieux et nous fragilise. Elle nous impose un plafond de verre. À nous de prendre en main notre destin.

Lorsque je tiens ce discours, certains me renvoient automatiquement à ma prétendue classe sociale aisée. J'entends souvent dire : « Toi, Sonia, tu viens d'un milieu favorisé. Tu ne peux pas comprendre les difficultés que nous traversons. » Sauf que cet argument ne tient pas. Pas avec moi, en tous les cas. Je me suis battue à chaque étape de mon parcours. Je suis arrivée en France sans moyens financiers. Il ne s'agit évidemment pas, ici, de pleurer sur mon sort, je suis fière de pouvoir dire que j'ai travaillé deux fois plus pour gagner peu à peu mes galons. D'abord en tant qu'enseignante, mon premier métier, puis en tant que journaliste, ma passion. De longues années de travail qui ont forgé un caractère, non pas d'ambitieuse, mais plutôt de battante. Il y a eu des soirs de découragement. Je n'avais pas encore mes papiers français, je n'avais pas non plus de contrat de travail, ni de possibilité de louer un appartement, mais j'ai toujours cru dur comme fer à la phrase de René Char : *Impose ta chance, serre ton bonheur et va vers ton risque. À te regarder, ils s'habitueront.* En effet, ils se sont habitués. Je n'avais pas le « profil » pour être journaliste, mes longues études universitaires m'ont conduite sur le chemin de l'enseignement.

Au sein de la rédaction du magazine *Jeune Afrique* où j'ai effectué mes débuts, je réécrivais mes articles jusqu'à deux ou trois heures du matin. Mon apparence parfois dilettante cache une grande capacité de travail. Je me suis accrochée et tout s'est ensuite enchaîné. Suis-je un exemple parmi d'autres d'intégration réussie ? Je ne le pense pas. Du moins, je ne raisonne pas ainsi. L'enjeu n'est pas l'intégration. Contrairement à ce qu'affirment certains responsables politiques, le bilan de l'intégration est plutôt bon en France. Le danger est ailleurs. Ce qui prend l'eau aujourd'hui, c'est le partage des valeurs de la République et plus largement de civilisation. Vous auriez tort en lisant ces lignes de penser que cela ne veut rien dire, qu'il s'agit d'une formule creuse.

En abandonnant ce terrain, depuis des années, les différents gouvernements ont laissé la religion s'imposer et s'affirmer comme une forme d'identité pour beaucoup de jeunes. Voilà pourquoi certains se vivent et se présentent comme étant musulmans avant d'être français.

Cette phrase résume à mes yeux notre plus grand défi. En ce qui me concerne, je suis française avant d'être musulmane. Je le dis parce que je le ressens au plus profond de moi. Ce « classement » ne signifie absolument pas que je relègue ma religion au second plan. Au contraire, je la porte en moi, je la vis dans mon intimité, dans le respect des lois du pays dans lequel j'ai choisi de vivre.

Peu importe alors qu'on s'appelle Zohra, Fatima, Sonia ou Delenda…

Chapitre 6

L'Arabe de service

Les nouvelles vont décidément très vite. L'expression : « Le monde est petit », s'applique parfaitement aux relations entre la France et la Tunisie. Je venais à peine de publier sur Twitter une lettre de mise au point sur le sujet sensible du burkini, quand mon téléphone fixe se mit à sonner, affichant le numéro de Delenda.

« Qui a osé te traiter d'Arabe de service ? C'est quoi cette histoire ? Je suis capable de venir jusqu'à Paris si on touche à un cheveu de ma petite-fille ! Dis-moi qui c'est, Sonia ? Et qu'est-ce que tu as dit de particulier ? Tu t'exprimes encore sur des sujets chauds ? Tu crois que c'est ton rôle ? Pourquoi tu ne me réponds pas ? »

Ma grand-mère a enchaîné plus de sept questions en moins de dix secondes de monologue. Un record qui m'a laissé le temps de réfléchir à une réponse. Je ne veux pas tout dire à Delenda. Non pas qu'elle ne serait pas d'accord avec ma position, mais plutôt parce qu'elle risque de s'inquiéter de manière disproportionnée. La fameuse lettre dont elle me parle, et que je viens à l'instant de publier sur Twitter, a engendré en l'espace de quelques minutes une avalanche de réactions. Il y a des soutiens et de nombreuses insultes dont celle d'« Arabe de service ».

« Ce n'est rien, mamie. J'ai simplement publié un tweet, et j'ai par la suite précisé ma pensée dans une lettre concernant un sujet qui ne va pas t'intéresser…

— Dis-moi, tu crois vraiment que ta grand-mère est née de la première pluie ?

— On dit de la dernière pluie ! (Rires.)

— N'essaye pas de changer de conversation. Tu es peut-être habile parce que vous, les journalistes, vous savez bien parler, noyer le poisson comme on dit, sauf que moi, on ne me la fait pas à mon âge. Hou, hou, j'en ai vu passer des choses, tu sais. Alors maintenant, tu vas tout me dire et fissa fissa.

— Mamie, je t'adore. Tu es unique. Je pense que toutes les petites-filles disent ça à leur grand-mère, il n'empêche, tu es quand même un sacré numéro !

— Sonia, de quoi s'agit-il ? Tu sais que la situation est tendue. C'est grave tout ça. Plus tu parles, plus tu t'exposes. Tu dois assumer les conséquences et les risques. »

Au bout de quelques minutes, j'ai finalement réussi à calmer Delenda. Je lui ai promis, en raccrochant, de lui envoyer par mail la lettre publiée sur les réseaux sociaux afin qu'elle se forge son opinion. Ma grand-mère utilise de mieux en mieux l'ordinateur flambant neuf que ses enfants lui avaient offert à son anniversaire. Elle en est fière. Elle n'hésite pas à passer des heures devant l'écran pour compléter ses connaissances en histoire ou en géopolitique. Chacune de ses recherches est laborieuse. En néophyte, elle tape encore avec un seul doigt sur le clavier. Dans de telles conditions, je m'inquiète du temps qu'elle va consacrer à me répondre. Quoi qu'il en soit, je lui ai envoyé par mail ma lettre.

> Ma chère mamie,
>
> Ne t'inquiète pas, mon but n'est pas de répondre à chaque provocation. Ce sujet du burkini me tient à cœur. J'ai reçu tout à l'heure de nombreuses insultes, j'ai répliqué de cette manière : « Tu sais ce qu'elle te dit l'Arabe de service ? »
>
> Voici comme promis, la lettre dont on t'a tellement parlé.
>
> « Nous y sommes. Le combat ne fait que commencer. Cette lutte idéologique qui prendra plusieurs

années, se tient au sein même de l'islam. Elle s'est cristallisée ces derniers jours sur le mal nommé "burkini". Le débat a tourné court, virant à l'insulte sur les réseaux sociaux. Sans surprise, me direz-vous. Sauf que depuis quelque temps, c'est une véritable entreprise de dénigrement qui est à l'œuvre contre celles et ceux qui font entendre leur voix et leur différence. "Arabe de service", "collabo", "beurette vendue", la liste est longue…

« Il y aurait selon ces insulteurs patentés – et souvent cachés derrière un pseudo – le "bon" et le "mauvais" musulman. Celui qui défend la liberté de la femme en s'indignant de l'interdiction du burkini et l'autre, "l'Arabe de service" qui s'en prend aux musulmans, le traître pointé du doigt qu'il faut décrédibiliser et faire taire.

« Seulement voilà, on ne va pas se taire. À chaque nouvelle provocation mise en scène par les exploiteurs de notre religion, nous serons de plus ne plus nombreux, j'en suis convaincue, à dénoncer cette stratégie pour mieux réaffirmer notre attachement à une religion de paix, qui se vit et s'épanouit dans la sphère privée.

« Il ne faut pas se leurrer, il s'agit bien d'une stratégie, une stratégie de conquête des esprits. Il y a de plus en plus de forces qui veulent implanter un islam rigoriste, obscurantiste au cœur de nos sociétés profitant d'un manque de repères. C'est une guerre d'usure qui nous est opposée. Elle teste notre résistance et nos défenses. C'est le cas avec le burkini. Le but est de nous faire reculer, en nous culpabilisant sur la liberté de ces femmes à disposer de leur corps. Nous ne reculerons pas au nom de cette même liberté fondamentale. »

Voilà, ma mamie adorée, le contenu de ma lettre. J'ai dit ce que je pense. C'est un cri du cœur.

Je me doute que Delenda ne va pas avoir la patience de me répondre par mail. Je me suis donc assise près du téléphone en attendant son appel. Et me demande ce qu'elle peut penser d'une telle polémique. Il n'y a presque plus de baigneurs et de baigneuses sur les plages de France et pourtant ce maillot de bain intégral continue, en cette fin du mois d'août, à déchaîner les passions. Ce qui me frappe c'est le discours consistant à dénoncer une France à la dérive, un pays qui a élevé la laïcité au rang de religion d'État. Les dessins affichant des femmes en topless s'indignant d'un burkini se multiplient dans les magazines. Le but est évidemment de ridiculiser, celles et ceux, qui honnissent le burkini mais ne trouvent rien à redire quand la femme choisit de se mettre quasiment nue sur la plage. Le parallèle est donc fait entre le burkini et le topless dans un incroyable tour de passe-passe idéologique !

Il y a aussi ceux qui affirment que le burkini est interdit par les islamistes. Ceux-là sont presque capables de nous dire, les yeux dans les yeux, que le burkini est une « arme » de résistance au fondamentalisme islamiste. Je respecte le travail du spécialiste et politologue Olivier Roy. Toutefois, je ne le comprends pas lorsqu'il affirme que le burkini « fait sauter les fondamentalistes au plafond ». J'ai voyagé dans de nombreux pays arabes et, sur certaines plages publiques, je ne crois pas que ce soient les femmes couvertes des pieds à la tête qui posent problème aux plus rigoristes des islamistes. Le raisonnement de ces éminents spécialistes se heurte au mur de la réalité. Il est vrai qu'il est difficile pour eux de se mettre dans la peau d'une jeune femme musulmane en bikini sur les plages publiques des pays arabes.

Quoi qu'il en soit, le piège qui nous est tendu est redoutable. Soit nous laissons perdurer cette situation et cela revient, selon moi, à encourager d'autres provocations. Soit nous sur-réagissons (ce qui est le cas) et on donne le sentiment, encore une fois, de pointer du doigt les musulmans. Dans ce second cas de figure, interdire à une femme de porter un burkini devient un acte raciste et même une action fanatique.

Comment en est-on arrivé là ? Les pro-burkini, dont certaines féministes patentées, affirment haut et fort que porter ce maillot de bain intégral fait partie de l'une de nos libertés fondamentales. Leur vision étriquée et uniquement hexagonale occulte les ravages d'un tel discours dans les pays arabes. Le risque, réel, est que les femmes non voilées deviennent minoritaires sur les plages marocaines, tunisiennes ou égyptiennes. Ces femmes et jeunes filles auront beau se plaindre, on leur rétorquera que porter le burkini en

France est une liberté fondamentale. Voilà pourquoi les défenseurs du burkini en France sont les alliés objectifs des islamistes partout dans le monde. Au final, les perdantes seront encore et toujours les femmes.

Je divaguais dans mes pensées lorsque la sonnerie du téléphone me fit sursauter. Delenda a mis beaucoup de temps à lire mon mail. Je pensais qu'elle n'appellerait plus. C'était sans compter sur sa détermination quand quelque chose lui résiste. Comme l'ordinateur. Elle a alerté tout le quartier et un voisin a fini par l'aider à accéder à sa messagerie.

« Bon, ma petite-fille, je viens enfin de lire ta lettre. Tout le monde m'en parle ! Bien sûr, comme d'habitude je suis la dernière à être au courant. Passons. Sur le fond, je n'ai rien à dire sur le contenu. Ce sont tes mots et tu les assumes. Ta mamie va tout de même te donner son sentiment. Tu sais, je vois les choses de loin, je suis dans ma maison à La Goulette, je suis une grand-mère tranquille. Mon avis ne compte pas beaucoup…

— Bien sûr que si ! Il compte énormément pour moi.

— Alors laisse-moi te dire le fond de ma pensée. Je crois qu'il ne faut pas parler de liberté dans ce débat !

— Comment ça ? Je ne comprends pas, mamie !

— Sur ce terrain-là, on est toujours perdants face aux islamistes. Ils ont réussi à retourner les choses. Empêcher une femme de porter ce truc-là, que vous appelez burkini, c'est enlever une liberté à cette femme. Ils ont réussi à faire croire ça à vos soi-disant intellectuels là-bas. Ta petite mamie pense que le problème n'est pas là. Sonia, la France a vécu des heures terribles. Je n'arrive toujours pas à croire à tout ce qui s'est passé, au nombre de morts et à l'horreur de l'attentat de Nice. À partir de là, comment quelqu'un peut-il venir, quelques semaines après cet acte barbare, avec un burkini sur cette même plage ou aux alentours ? Voilà la provocation. Ce n'est pas une question de liberté, mais une question de dignité et de décence humaine après tout ce que la France a vécu. Tu ne peux pas empêcher les gens d'avoir peur d'une personne qui est entièrement couverte sur une plage. Il y a un traumatisme. Il faut respecter le temps du deuil. Je ne dis pas que derrière chaque femme en burkini, il y a un djihadiste qui tire les ficelles, mais il faut aussi comprendre les peurs des gens et ne pas chercher à les faire grandir en jouant avec le feu.

« Une fois que j'ai dit ça, ma petite-fille, je m'excuse, je vais être un peu nostalgique, je vais te parler d'une époque que tu n'as pas connue. Cette tenue, ce burkini n'a rien à voir avec nos traditions. Je ne sais pas si c'est un produit marketing, crois-moi il n'a jamais existé avant. Jamais notre religion n'a prescrit une telle absurdité. C'est vrai que le Coran invite à la pudeur, ce qui ne veut pas dire l'enfermement de la femme. Le seul message à mettre en avant est celui de la paix, la tolérance et la religion du juste milieu. C'est écrit dans le Coran : "Dieu a fait de vous une communauté du juste milieu." Il faudra toujours chercher cet équilibre entre l'interdiction et l'exagération.

« C'est ce que j'ai fait toute ma vie, Sonia. On ne m'a jamais interdit la baignade, j'ai toujours respecté l'autre et donc moi-même.

« Nous étions libres et heureux sur les plages de La Goulette. Je me souviens que le week-end, nous allions tous à la plage de la Corniche à Bizerte. Les femmes étaient belles, nous savions comment nous comporter. Il y avait beaucoup de dignité et de respect. Je ne dis pas que c'était mieux avant, pour autant, lorsque je regarde les photos de cette époque, vers la fin des années cinquante, je nous vois en maillot de bain, certaines portant la *fouta* (serviette de hammam en coton plat ou en nid d'abeille), d'autres le voile : et tout le monde se respecte. C'est la clé, le respect, ma petite-fille. Et ce qui manque aujourd'hui. Voilà pourquoi ce burkini est une provocation après les attentats en France. Il ne respecte pas le deuil et la douleur.

« Ta lettre est un cri du cœur, comme tu le dis. Mais fais attention, Sonia, tu représentes ce que détestent ces terroristes. Tu aimes ta religion. Tu es moderne, tu connais ton histoire. Cet épisode me rappelle les réactions que tu as eues après avoir critiqué la journée du voile à Sciences Po. Tu avais été immédiatement accusée de faire partie des traîtres. C'est le monde à l'envers ! Je ne te dis pas qu'il faut te taire, Sonia. Surtout pas. Je te soutiendrai toujours, tant que Dieu me prêtera vie. Seulement, toutes celles – comme toi – qui font entendre leurs voix et leurs différences sont systématiquement pointées du doigt. On cherchera à te décrédibiliser. Il faudra résister. Et affûter tes arguments.

— J'ai bien compris ton message ce soir sur cette question sensible. Je vais y réfléchir. Je t'embrasse, à demain. »

Après cet appel, je suis restée un long moment à réfléchir. Ma grand-mère a appréhendé ce débat avec le bon sens qui la caractérise. Le burkini est d'abord une provocation dans la France meurtrie et endeuillée par les récents attentats.

Il est incroyable que, dans ce pays, dont la devise est admirée, enviée dans le monde entier – *Liberté, Égalité, Fraternité* –, on en soit revenu à s'incliner devant la tyrannie d'une minorité. Ce débat n'est pas anodin. Mon ami, l'anthropologue Malek Chebel, paix à son âme, s'est efforcé, durant de nombreuses années, de promouvoir un islam des Lumières. Il s'inquiétait de la propagation d'un islam qui remettrait en cause la liberté de conscience, l'émergence de l'individu et l'égalité de droits entre hommes et femmes. Souvent, je l'ai entendu se poser cette question : « Est-ce que l'islam apolitique de nos parents et grands-parents a perdu ? »

Je ne le crois pas. Je crois aux forces de l'esprit autant qu'à celles du cœur.

Chapitre 7

SOS de Tunisie

Cela fait exactement six ans. Nous sommes le 14 décembre 2016 et la Tunisie fête aujourd'hui le sixième anniversaire de sa révolution. Dans les journaux français, tous les articles soulignent sans exception la grande part de désillusion qui s'est emparée des Tunisiens. Un bilan en demi-teinte résume *Libération*. Le désenchantement selon le quotidien *Le Monde*. Beaucoup reste à faire pour *Le Parisien*. Tout cela est vrai. Pour autant, la flamme de la révolution n'est pas près de s'éteindre. Le pays a surmonté d'innombrables obstacles, vécu tant de bouleversements. En l'espace de six années, la Tunisie a connu le pire comme le meilleur. Le pire, avec les attentats terroristes, et le meilleur, en adoptant la constitution la plus moderne du monde arabe.

Il m'arrive souvent de relire les lettres de Delenda. Elles me replongent dans les senteurs de mon enfance. Leur effet madeleine de Proust est immédiat lorsqu'elle décrit, au fil des pages, les ruelles de La Goulette ou de Carthage. Au-delà des images, ses correspondances me poussent aussi à un état des lieux lucide de la situation.

J'ai toujours cru en la spécificité du modèle tunisien. Ce sujet anime souvent les discussions avec ma grand-mère. En ce jour d'anniversaire, Delenda n'est pourtant pas à la fête.

« Je t'appelle pour t'alerter sur ce qui se passe. La Tunisie est fragile. Si on l'oublie, dis-moi qui donnera l'exemple dans cette région ? Quel pays ? Il faut aider la Tunisie ! »

Je sais ce qu'il en coûte à ma grand-mère de le dire. Reconnaître que son pays a besoin d'aide ne va pas de soi. Elle est fière comme la Tunisie. Combien de fois ce petit pays du Maghreb a-t-il surpris par sa force et sa résilience ! Je me souviens des remarques au lendemain de la victoire des islamistes d'Ennahdha. Nombreux, notamment en France, y ont vu le basculement du pays. En réalité, il n'y avait rien d'étonnant à la victoire des islamistes au premier scrutin de 2011. À ce moment-là, le mouvement Ennahdha représentait la seule force politique organisée. Une majorité de Tunisiens s'étaient donc logiquement tournés vers le parti le plus structuré après le chaos engendré par la révolution. Ennahdha a ensuite été confronté à la réalité du pouvoir et surtout à l'expérience égyptienne.

Je pense que les événements du Caire ont eu un impact majeur sur l'avenir du pays.

En juillet 2013, le président Mohamed Morsi, membre de la confrérie des Frères musulmans, est renversé par le chef d'état-major de l'armée, Abdel Fattah al-Sissi. Ce coup de tonnerre dans le monde arabe agira comme un révélateur. Voyant le sort réservé à Morsi, d'abord condamné à la peine de mort, finalement commuée en une peine d'emprisonnement à vingt ans, les têtes pensantes des islamistes tunisiens se sont méfiées d'une répétition de l'histoire. La situation égyptienne a douché beaucoup d'espoirs.

En janvier 2014, le Premier ministre d'Ennahdha, Ali Larayedh, démissionne, conformément aux termes d'un accord politique. Les islamistes ont respecté leur parole. Ma conviction est qu'à ce moment précis, l'électrochoc égyptien a fortement pesé dans la balance, les contraignant à respecter les termes d'un traité non écrit qui les conduisait vers la sortie. Le parti abandonne les grands postes ministériels. Néanmoins, personne n'est dupe : Ennahdha continuera de tirer les ficelles du jeu politique. Le pouvoir tunisien est une hydre à deux têtes. Un gouvernement issu de la société civile pacsé avec les islamistes. Vous aviez beau essayer de lui couper un organe, le tentacule islamiste repoussait aussitôt.

Malgré un contexte politique instable, un mois plus tard, en février 2014, la Tunisie a réussi à remporter l'une de ses plus belles victoires en adoptant une nouvelle constitution accouchée dans la douleur. Dans ses grandes lignes, ce texte représente une avancée importante. De nombreuses ambiguïtés persistent, il ne faut pas le nier, toutefois cette étape n'en marque pas moins un épisode fondateur pour le pays. Comme le disait le constitutionnaliste Guy Carcassonne : « Une bonne constitution ne peut suffire à faire le bonheur d'une Nation, une mauvaise peut au contraire entraîner son malheur. » Nous étions repartis du bon pied. Delenda n'était pas peu fière de cet accomplissement.

Voilà pour le verre à moitié plein. Ma grand-mère me ramena vite au verre à moitié vide et à la réalité du terrain.

« Sonia, c'est un véritable SOS que je lance ! Tu as raison de rappeler ce qui a été fait. Toutefois, le pays se meurt. Les touristes ne viennent plus. Nous sommes au bord de la faillite. Le véritable danger a un nom aujourd'hui : le chaos libyen ! »

Mamie veut en venir à l'essentiel. Pas question de passer en revue le bilan des six dernières années depuis le jour de la révolution. Comme à son habitude, Delenda met le couteau dans la plaie. Je sais que l'équation est terrible pour la Tunisie. Comment réussir une transition démocratique quand votre voisin ressemble à une armurerie à ciel ouvert ? Sur qui compter dans un monde arabe déchiré et en feu ?

D'où peut venir l'aide quand l'Union européenne se détourne de la Méditerranée ?

Toutes les questions que se pose ma grand-mère sont légitimes. Je ne m'attendais pas à un réquisitoire aussi tranchant de sa part.

« La France nous a laissés tomber. Plus personne ne s'intéresse à nous. Vous avez mis le désordre dans la région. Tu sais, j'ai appris un nouveau mot : le Sahelistan, c'est le nouvel Afghanistan. Eh bien il résume les effets de la guerre voulue par Sarkozy. Vous avez ouvert la boîte, comment elle s'appelle déjà ?

— La boîte de Pandore, mamie. Je te trouve assez sévère. Je te rappelle que la France n'a pas agi seule et que… »

Delenda me coupe brutalement la parole :

« Arrête, je t'en prie, ça suffit, tu ne mènes pas un débat à la télévision ou à la radio. Sois sincère. Dis-moi ce que tu penses !

— Pourquoi tu me dis ça ? Évidemment que je suis sincère ! Tu es trop dure avec la France. C'est mon pays, ne l'oublie pas, tout comme la Tunisie !

— Ah comme c'est facile pour la Française que tu es devenue de parler et d'analyser la situation depuis ton appartement parisien. Alors que nous ici, on a tous les problèmes. Je te dis qu'il y a une grande responsabilité de la France. Ça ne veut pas dire qu'il ne fallait pas intervenir contre le maboul de Kadhafi. Il reste que personne chez les militaires ou les politiques, en France, ne connaît ce pays et son histoire ! Quand je dis ce pays, je parle de sa complexité et du nombre de tribus. Qu'on le veuille ou pas, Kadhafi avait réussi à en être le rassembleur ! Avant de le faire disparaître, il fallait, au moins, savoir par qui le remplacer ! En tout cas, s'occuper de la suite. »

Ma grand-mère est en colère. Je n'adopte pas un ton aussi dur. Je la rejoins néanmoins sur la méconnaissance des responsables politiques au sujet de la région, et en particulier de la Libye. Ce pays n'a pas de structures d'État, pas de piliers, pas de véritable administration. L'intervention a créé un vide. Il a conduit au chaos. Chaque milice, tribu ou ethnie cherche à prendre le pouvoir. Il y avait une place vacante, les djihadistes de Daech l'ont occupée. Aujourd'hui, ils sont certes chassés de leur fief, Syrte, la situation n'en reste pas moins problématique pour la Tunisie.

Où vont aller ces djihadistes ? Leur retour, pour certains, sur le sol tunisien est une vraie hantise. La France fait face au même défi avec le retour des combattants de Syrie.

Les revers subis par les terroristes de Daech ne marquent pas la fin de la guerre. Ils signent la mort de l'utopie de leur territoire, non l'anéantissement de la menace. Loin de là. Il faudra même des années pour se débarrasser de ce poison. Ceux qui reviennent de Raqqa ou de Mossoul sont convertis aux thèses djihadistes. Et ce n'est pas un stage de déradicalisation qui viendra à bout de leurs pensées mortifères. Voilà pourquoi les batailles gagnées contre Daech constituent de bonnes nouvelles qu'il faut malgré tout relativiser. Le chemin sera encore long jusqu'à la stabilité et la vraie paix. C'est le cas de la Libye, totalement déstabilisée en 2011.

Comment juger aujourd'hui de la pertinence de cette guerre ? Lorsque l'on posait, il y a cinq ans, la question du fondement de cette opération, on nous jetait aussitôt à la figure l'argument des massacres de Kadhafi. Il n'y a pas de doute sur les crimes de ce dictateur. On aurait pu au moins débattre des éventuelles conséquences d'une telle action.

Il n'en fut rien. En mars 2011, le quotidien *Le Monde* publia un texte d'intellectuels appelant à un engagement urgent des Occidentaux en Libye. Parmi les signataires, le premier d'entre eux, Bernard-Henri Lévy, que j'avais coutume d'appeler le ministre bis des Affaires étrangères. À ses côtés, Pascal Bruckner, Nicole Bacharan et d'autres. Si on les interroge aujourd'hui, ils répondraient probablement : Que fallait-il faire alors ? Regarder ces crimes atroces sans bouger ? Leurs interrogations renvoient à une question majeure : un événement se juge-t-il à ses conséquences ? Je réponds oui. Il fallait sauver Benghazi. Sauf que le rôle et la mission de ceux qui nous gouvernent n'est-il pas de prévoir les effets de leurs actes ? Je sais bien qu'il n'y avait pas d'option parfaite. Ce que je reproche aux décideurs, c'est leur absence totale de vision politique dans cette région du monde. Leurs successeurs ne sont pas en reste sur ce plan. La question n'est ni de droite, ni de gauche. Cette intervention a été suivie d'une inertie coupable et dévastatrice. Les Occidentaux expédient des armadas pour mettre fin à des règnes brutaux, sans penser au désordre généré.

Je me souviens avoir animé un débat sur ce sujet dans mon émission *On va plus loin* sur Public Sénat. Parmi les invités ce soir-là, Gérard Longuet, ancien ministre de la Défense de Nicolas Sarkozy. Durant le direct, je lui avais posé à plusieurs reprises la question des conséquences de l'intervention et du manque d'anticipation des politiques. Ne déviant pas de sa ligne, il répondait que c'était la seule chose à faire pour sauver la population de Benghazi qui se faisait massacrer. En le saluant après le débat, hors micro, j'avais de nouveau tenté ma chance : « Vous ne regrettez vraiment rien, compte tenu du chaos actuel et des effets sur la région, et en particulier la Tunisie ? » Lassé par mon insistance, il me répondit sur le ton de la confidence : « Je n'ai pas eu mon mot à dire ! Tout s'est décidé avec Bernard-Henri Lévy. » Tout un chacun le savait mais dit de manière aussi directe par le ministre de la Défense de l'époque, cela m'avait plongé dans un abîme de perplexité. Ainsi fut donc acté le sort de cette région et par ricochet celui de la Tunisie. Ce serait trop facile aujourd'hui d'en vouloir à BHL. Je comprends son combat et je respecte les convictions qui peuvent être les siennes. Cependant, la question consiste plutôt à savoir comment l'Élysée a pu confier les clés de ce conflit et de cette région à un philosophe ?

Leur rôle est essentiel dans notre société. Les philosophes sont des éveilleurs de conscience. Seulement, leurs indignations sont de plus en plus sélectives. Comme les responsables politiques, certains d'entre eux parlent à leur (é)lectorat. On peut facilement deviner à l'avance sur quel sujet ils vont s'indigner, et sur quel autre ils resteront silencieux.

Perdue dans mes pensées, je continue d'écouter d'une oreille distraite la diatribe de Delenda contre l'intervention française et ses conséquences sur la Tunisie. Le pays est sur le fil du rasoir. Les djihadistes détestent ce symbole qui s'est toujours rêvé en modèle du monde arabo-musulman. Il est actuellement le seul à pouvoir en conjurer les maux que sont l'intégrisme islamiste, la dictature militaire ou le chaos politique. La Tunisie tente de tracer une voie pour ne pas tomber dans l'un de ces précipices. Le défi est loin d'être gagné. Pendant ce temps, les Occidentaux regardent ailleurs.

L'exemplarité tunisienne, qui avait été récompensée un an auparavant par le Nobel de la Paix, est reléguée aujourd'hui au second plan.

Bien sûr, les États-Unis et la France appuient la Tunisie dans le domaine sécuritaire. Mais ne considérer le pays que sous ce prisme-là est une erreur. La

Tunisie a besoin de faire rapidement sa transition économique vers un nouveau modèle de développement pérenne. Le nerf de la guerre, ce sont les investisseurs – qui la boudent encore. Sur ce plan, rien n'évolue, au contraire. Taux de chômage élevé, salaires bas, croissance en berne, secteur touristique en deuil, la révolution n'a pas tenu ses promesses. Les laissés-pour-compte grondent dans de nombreuses régions. Les différences sont toujours aussi criantes entre Tunis et d'autres villes, comme Béja située à seulement une centaine de kilomètres de la capitale. Là comme ailleurs, vous avez désormais le droit de parler politique, mais vous avez toujours aussi peu à manger dans votre assiette. La révolution a apporté la liberté mais le train du développement économique est en retard. Désespérément en retard !

On parle souvent des femmes tunisiennes comme d'un exemple de modernité, laissant de côté celles qui triment en dehors de Tunis et de ses faubourgs aisés. Ces grandes oubliées des « Printemps arabes » sont pourtant les piliers de leurs familles avec des frères ou un père au chômage. Pour quelques misérables dinars, elles réalisent tous les travaux de la campagne. Il en est de même pour celles qui travaillent dans les usines de Sousse ou de Monastir. L'exemple tunisien s'appuie aussi et surtout sur ces femmes. Voilées ou cheveux au vent, elles forment la mosaïque complexe de la société. Les occulter, c'est gommer une partie de l'identité tunisienne, à la fois moderne et conservatrice, urbaine et fortement rurale, laïque et profondément musulmane. Ces femmes, d'une région à l'autre du pays, n'ont pas le même mode de vie, ni de pensée. Elles ont toutefois en commun l'aspiration au changement.

Six ans après la révolution, la Tunisie ne sait pas comment répondre à cette avalanche de revendications. Rarement un pays aura connu autant de défis en même temps : retour des djihadistes, chaos à sa frontière avec la Libye, urgence économique, bouleversement politique et fortes attentes sociales.

Malgré ce tableau, Delenda et moi, une grand-mère et sa petite-fille, deux générations de chaque côté de la rive méditerranéenne, nous sommes confiantes. Comment expliquer cette foi en l'avenir ? La Tunisie est solide par ses femmes. Ce n'est ni un slogan politique, ni une formule marketing, mais une conviction profonde. Quelles que soient les différences de milieux, d'âges, de croyances religieuses, les Tunisiennes se rejoindront toujours, pour ne rien se laisser imposer.

De tout temps et quelle que soit la période politique, elles ont été et seront le ciment du pays.

Chapitre 8

Lycées français de l'étranger

Le lycée Charles-de-Gaulle à Londres, celui de Descartes à Rabat, l'établissement Blaise-Pascal à Libreville, et tant d'autres à travers le monde. Ces noms résonnent encore aujourd'hui auprès de nombreux anciens lycéens. Comme eux, j'ai effectué une grande partie de ma scolarité dans l'un de ces établissements. Le mien se situe dans la banlieue nord de Tunis, à La Marsa. Le lycée Gustave-Flaubert, autrefois surnommé « lycée Cailloux », fait partie du large réseau de l'Agence pour l'enseignement français à l'étranger (AEFE).

J'en garde d'émouvants souvenirs, que je partage de temps en temps avec ma grand-mère. C'était le temps de l'insouciance. Les jeunes Tunisiens et Français échangeaient alors bien plus que leur scolarité. Le dialogue des cultures n'était pas un concept abstrait mais une réalité tangible pour nous tous. Les fêtes de Noël, de l'Aïd et d'Hanouka représentaient autant d'occasions de nous retrouver les uns chez les autres.

Nous formions une communauté soudée face aux secousses extérieures. Il est arrivé toutefois que certaines décisions politiques, aux lourdes conséquences militaires, fragilisent le lien qui nous unissait.

L'un des tsunamis marquants de l'époque fut la première guerre du Golfe en 1991. Dès son déclenchement, des fissures ont rapidement entamé notre belle entente. J'avais douze ans. Nous suivions quotidiennement à la télévision l'évolution de l'opération appelée *Tempête du désert*. Il nous arrivait même de manquer les cours pour ne rien rater de ce conflit qui nous fascinait autant qu'il nous inquiétait. Les conversations dans la cour de récréation, souvent virulentes, étaient monopolisées par l'actualité. Je ne comprenais évidemment pas, à l'âge qui était le mien, tous les ressorts de cette bataille, mais nous avions tous le pressentiment que cette guerre allait provoquer une rupture entre nous. Les Tunisiens, comme les autres citoyens arabes, n'étaient pas, de gaieté de cœur, en faveur de Saddam Hussein. Nous étions davantage sur la position du ministre français de la Défense de l'époque. Jean-Pierre Chevènement avait refusé de cautionner cette opération d'envergure au nom « d'une certaine idée de la France ». Douze jours après le début de l'offensive alliée contre l'Irak, fidèle à sa maxime : « Un ministre ça ferme sa gueule ou ça démissionne », il quittait le gouvernement de Michel Rocard sous le second septennat du président de la République François Mitterrand. Ce jour-là, le « Che » est devenu une référence dans le monde arabe. Il incarnait à nos yeux l'héritier de la politique arabe de la France telle que la concevait le général de Gaulle. Pourquoi ce pays, dans la tradition qui est la sienne, n'avait-il pas davantage joué son rôle de médiateur dans cette crise ? Les États-Unis avaient décidé d'en finir avec leur encombrant allié irakien, en entraînant Paris dans leur aventure guerrière. Aujourd'hui, vingt-cinq ans plus tard, tout cela résonne avec la situation toujours chaotique au Moyen-Orient.

Cet épisode s'était invité dans nos salles de classe. L'école était devenue la caisse de résonance de nos tiraillements géopolitiques. Les enfants que nous étions avaient oublié leur insouciance.

Mises à part ces périodes de tensions, le bonheur d'être ensemble l'emportait toujours sur le reste. Chaque année, dans la grande cour du lycée, la fin de l'été venue nous étions heureux de nous retrouver. Je mesurais aussi la chance qui m'était donnée de bénéficier d'un enseignement de grande qualité. Les lycées français de l'étranger étaient plébiscités partout, notamment en Tunisie.

L'école fait partie des sujets qui passionnent Delenda. Elle a du mal à comprendre les polémiques récurrentes en France. C'est le thème de notre conversation de ce dimanche après-midi.

« Pourquoi y a-t-il tous ces débats sur l'école en ce moment ?

— C'est comme ça, mamie. Ce sujet enflamme toujours les discussions. La grande question est de savoir si l'école intègre encore les enfants de tous milieux et de toutes origines ?

— Et qu'en penses-tu ? Toi qui as enseigné à la faculté avant de devenir journaliste, tu dois avoir un avis sur la question ?

— Oui, simplement j'évite de le donner... En tant que journaliste, je dois rester neutre et...

— Sonia, Sonia, tu recommences... Je t'ai dit à plusieurs reprises que tu n'es pas en direct là !

— Tu as raison, mamie ! (Rires.) Tu vas me trouver un peu vieux jeu mais je pense que la perte de respect à l'école a abîmé beaucoup de choses. Si tu ne considères plus l'enseignant, c'est un premier pas vers l'échec scolaire. Ne pas écouter le professeur, c'est tourner le dos au savoir, à l'apprentissage, aux connaissances.

« Comment exiger, dans de telles conditions, que l'Éducation nationale remplisse ses multiples missions ? On met tout sur le dos de l'école. S'il y a de l'exclusion, c'est à cause de l'école. Le chômage de masse, encore de la faute de l'école. La violence dans la société, c'est toujours l'école ! Ça suffit ! Chacun doit prendre ses responsabilités. Les familles d'abord, les enseignants bien sûr, mais aussi et surtout les responsables politiques. Ce sujet est constamment pris en otage dans les débats publics.

« Dès que la République est en danger, c'est la faute de l'école. À ton avis, mamie, de quoi a-t-on parlé ces derniers mois ? Tu ne vas pas le croire ! Des menus de substitution à la cantine. Sérieusement, qui pense vraiment qu'il s'agit là du danger numéro 1 aujourd'hui ? Il y a eu toute une polémique pour supprimer les menus sans porc dans les assiettes des enfants au nom de la laïcité. Pauvre laïcité cuisinée à toutes les sauces ! Certains ont même proposé aux parents d'aller scolariser leurs enfants ailleurs si ça ne leur plaisait pas.

« Quand Nicolas Sarkozy, en plein meeting, a lancé cette phrase : « Ils n'ont qu'à prendre une double ration de frites », les bras m'en sont tombés. J'ai eu honte. Comment un ancien président de la République peut-il tenir un tel discours contre l'école républicaine ? Tu sais bien que je suis attachée à la laïcité mais là, c'est différent. C'est de la démagogie politique. Qui a pu lui souffler ça ? Il est temps d'arrêter avec ces polémiques stériles !

« Je te le dis et te le répète, l'école redeviendra un facteur d'intégration, grâce aux professeurs. Ils incarnent les vecteurs de la cohésion sociale. C'est un métier que je respecte, non pas, parce que je l'ai exercé, plutôt parce que les enseignants ont la capacité de nous élever, de nous intéresser. Certains d'entre eux s'en fichent bien sûr ! Dans tous les métiers, il y a… euh pardon pour ce mot, mais c'est vrai… il y a des cons. Toutefois, la grande majorité de ces enseignants ont conscience de la grande responsabilité qui leur incombe. Te souviens-tu des bonnes sœurs de l'école primaire Jeanne-d'Arc à Tunis ?

— Ah oui ! Je me souviens surtout qu'il fallait parfois te traîner pour que tu y ailles !

— Hum… Ce n'est pas faux… Ce n'est pas pour ça que je t'en parle. Ces religieuses étaient certes sévères, mais elles nous ont appris tant de choses. Sais-tu que ce sont ces sœurs catholiques qui nous demandaient d'aller prier et de respecter notre religion, l'islam. Si ce n'est pas un formidable exemple de dialogue des religions, ça ! Il y avait beaucoup de considération. Nous étions guidés par des religieuses et, en même temps, des enseignantes de la vie et du savoir-être.

— C'était mieux avant alors ! Attention, ma petite-fille, tu vas finir par parler comme une grand-mère. (Rires.) Je te trouve quand même un peu injuste avec le système éducatif français actuel. L'école chez vous est peut-être fatiguée, mais ailleurs l'enseignement français agit comme un aimant. Les parents se battent pour que leurs enfants soient inscrits dans les lycées français ! Que ce soit à Tunis, Amman, Beyrouth, ou dans les pays africains, c'est ce que l'on appelle l'excellence française, non ? J'ai lu l'expression dans un article du *Figaro*.

— Tu as raison… Critiqué en France, notre système scolaire est, à l'inverse, considéré comme un exemple en dehors des frontières hexagonales. Pendant longtemps, les lycées français de l'étranger ont connu un succès fulgurant. Il est un peu à relativiser aujourd'hui à cause des frais de scolarité exorbitants et de la concurrence des écoles anglophones. Toutefois, ce réseau répond largement à sa mission diplomatique et culturelle. Ces établissements participent au rayonnement du pays et de sa langue. Comment expliquer alors une telle dissension avec le système intérieur ?

« Notre école est un nid d'inégalités. La France n'a pas suffisamment mis l'accent sur le primaire. C'est l'erreur originelle. On le paie chèrement aujourd'hui. Il faut tenter de lutter contre ce déterminisme social dès la petite enfance. Cette inégalité est pour l'élève "défavorisé" un boulet qu'il va longtemps traîner. Sans compter que notre système est encore plus discriminant pour les jeunes issus de l'immigration. Dans ce cas, c'est la double peine. Avec le risque de rejeter l'école et donc, quelque part, son pays. Pourquoi apprend-on à aimer la France seulement à l'extérieur ? Quel paradoxe !

— C'est à l'école que les élèves apprennent à aimer leur pays ? »

Delenda se rend-elle compte de l'importance de sa question ? En la formulant ainsi, ma grand-mère a tout compris du débat qui agite la France depuis de nombreuses années. Mamie a décidément beaucoup de bon sens. De manière instinctive, elle a mis le doigt sur un sujet crucial et éminemment politique. Dans leurs discours, nombreux sont les responsables qui appellent à enseigner l'histoire comme un roman national. Pour la droite, il faudrait réécrire les programmes de cette discipline. Le parti insiste sur une « histoire faite d'hommes et de femmes, de symboles, de lieux, de monuments, d'événements qui trouvent un sens et une signification dans l'édification progressive de la civilisation singulière de la France ». À droite, tous ou presque convoquent l'histoire pour forger l'identité nationale. C'est aussi le cas à la gauche de la gauche. L'eurodéputé Jean-Luc Mélenchon, que l'on peut difficilement soupçonner de défendre le camp adverse, rappelle volontiers que nous sommes les filles et les fils des Lumières et de la grande Révolution. Pour aimer la France, il faudrait aimer son histoire. Reste à savoir comment la raconter ? On notera qu'une partie de la gauche préfère parler de récit plutôt que de roman national. À la simple évocation de ce mot, les historiens grincent des dents et dénoncent une instrumentalisation politique.

Pour répondre précisément à la question de Delenda, je décide de lui parler de ce que l'on m'a appris au lycée français en Tunisie.

« C'est un sujet brûlant que tu abordes, mamie ! Je vais essayer de te répondre en te parlant de mon expérience. J'ai hérité de ta passion pour l'histoire.

Au lycée, c'était ma matière préférée. Je crois que j'ai appris à aimer la France grâce à l'enseignement de son histoire. Les évocations des conquêtes et des épopées de Vercingétorix, Charlemagne, Jeanne d'Arc ou Napoléon me fascinaient. Pour autant, je n'ai pas adhéré à un récit magnifié ou glorifié de la France, tu comprends ce que je veux dire ?

— Pas tellement, Sonia, sois plus directe !

— Eh bien mamie, je vais prendre une comparaison. Tu peux aimer quelqu'un d'un amour passionné, tout en étant lucide et même critique. L'amour n'est pas forcément aveugle. C'est mon cas, vis-à-vis de la France. J'aime ce pays et son histoire avec ses grandes figures, mais je connais aussi ses moments moins glorieux. En m'enseignant une histoire de France non figée, mes professeurs de l'époque m'ont appris à mieux connaître et à aimer ce pays, tout comme je l'ai fait avec la Tunisie.

— Ça y est j'ai saisi ma petite-fille. Tu aimes la France comme ta mamie. Passionnément avec tous ses défauts !

— (Rires.) Tu as tout compris ! J'ajoute que l'enseignement du latin au collège est fondamental ! Plonger dans les langues anciennes a été un exercice salutaire. Même si, comme beaucoup de mes camarades de l'époque, j'ai tout oublié de ce que j'avais appris. Peu importe, l'enseignement du latin permet de développer un rapport privilégié à l'histoire et à la langue.

— Quoi ? Le latin à l'école est menacé ? Ça veut dire que mon prénom Delenda appartiendrait à un monde ancien ? Qui dit de telles bêtises ?

— Rassure-toi. Le débat sur l'enseignement du latin est désormais clos… jusqu'à la prochaine remise en cause ! D'ici là, ne t'inquiète pas, personne ne touchera à Delenda, tu es IN-TOU-CHABLE ! *Delenda est Carthago* ! »

Ce soir, notre conversation se termine par un fou rire. Ma grand-mère est heureuse. J'aime penser que je contribue un peu à ses moments de bonheur volés le temps d'un appel entre Tunis et Paris.

Chapitre 9

CHIRAC FOREVER

Depuis quelques jours, les rédactions sont sur le pied de guerre. Jacques Chirac a été rapatrié d'urgence du Maroc. L'ancien président, hospitalisé à la Pitié-Salpêtrière, souffre d'une infection pulmonaire. Les rumeurs les plus alarmantes circulent sur son état de santé. Tous les journalistes sont mobilisés, craignant d'un instant à l'autre l'annonce de son décès.

Il est presque midi et, comme d'habitude, je travaille à la préparation des débats pour mon émission du soir. La journée n'est pas très riche en actualité. Je regarde distraitement les tweets qui s'affichent sur mon portable. D'un coup, tout s'arrête, je retiens mon souffle. 11 h 53 ce mercredi 21 septembre 2016, *Mort de Chirac*, écrit Christine Boutin sur les réseaux sociaux. Difficile de faire plus laconique. En quelques secondes, tout s'emballe. J'appelle immédiatement deux confrères proches de la famille de l'ancien président. Ils m'assurent qu'il s'agit d'une fausse alerte.

Comment cette ancienne ministre a-t-elle pu tomber si bas ? Quand bien même Jacques Chirac serait mort, un minimum de décence aurait été de laisser la primeur de cette annonce à la famille. Le message de Christine Boutin provoque une avalanche de réactions. De nombreux internautes dénoncent son manque de dignité.

Finalement, le démenti tombe à 12 h 18. L'Agence France-Presse indique que l'ex-chef de l'État est toujours hospitalisé. Son gendre, Frédéric Salat-Baroux demande instamment qu'on respecte sa tranquillité, celle de son épouse, celle de sa fille et de son petit-fils. Fin de l'épisode, jusqu'à la prochaine alerte.

Je replonge dans mes dossiers, décidément, je sens que cette journée risque d'être compliquée. C'est désormais au tour de Delenda de se manifester.

Ma grand-mère a appelé dix fois en l'espace de quelques minutes. Au onzième appel, je décroche le téléphone et m'étonne de n'entendre personne à l'autre bout du fil.

« Allô ? Allô, mamie ? Tu m'entends ? »

Je crois percevoir un léger bruit comme un long sanglot. Ma grand-mère finit enfin par parler. Sa voix est faible :

« C'est triste quand même. J'ai la gorge nouée. Je ne pensais pas que sa mort me ferait autant d'effet…

— Je t'arrête tout de suite, mamie ! Jacques Chirac n'est pas mort, c'est une fausse alerte. Il est toujours vivant et hospitalisé. »

Delenda explose : « C'est une folle la Boutin ! Une folle ! D'où a-t-elle sorti l'information de sa mort ?

— Peu importe ! Tu m'as l'air bouleversée... Qu'est-ce qu'il représente pour toi Chirac ? »

Delenda met du temps avant de répondre. Elle rassemble d'abord méthodiquement ses idées et souvenirs afin de délivrer un argumentaire construit.

« Il y a deux choses qui me viennent tout de suite à l'esprit, ma petite-fille. D'abord une phrase. Je ne parle pas anglais mais celle-ci, je la connais par cœur : *This is not a method, this is provocation...*

— Ah oui ! C'est le fameux coup de sang de Jérusalem !

— J'étais devant ma télévision, ce jour-là. C'est comme si c'était hier. En 1996. Peut-être en octobre. Le président français est en visite officielle en Israël. À Jérusalem, Jacques Chirac a voulu aller dans la vieille ville. Rien ne se passe comme prévu. Les forces de sécurité israéliennes repoussent sans ménagement la foule. Des commerçants arabes cherchent en vain à le saluer. Il est lui-même bousculé dans tous les sens. Je croyais qu'il allait tomber. La tension était vive et palpable. D'un coup, sa phrase fuse. Chirac est vraiment en colère. Il dénonce les méthodes utilisées, il menace même de reprendre son avion pour retourner à Paris. Ce qui est incroyable c'est que, dans la seconde qui suit, comme si de rien n'était, il se tourne vers quelqu'un dans la foule et le salue chaleureusement. Chirac, c'est ça ! J'ai ressenti une intense émotion. Pour beaucoup, il était devenu une sorte de héros dans le monde arabe. Le lendemain, dans les rues de Ramallah et de Gaza, il a été acclamé aux cris de “Vive la France, vive la Palestine !” Je le revois debout dans sa berline, les mains jointes, il savoure ce moment qui va marquer les esprits. Et moi aussi, je le savoure, Sonia. Tu sais, j'ai toujours eu une position équilibrée dans ce conflit éternel. Seulement, la réaction de Chirac nous a fait du bien à ce moment-là. »

Les souvenirs de Delenda sont intacts. Elle a raison de dire qu'il y a eu un avant et un après-coup de gueule de Jérusalem pour Jacques Chirac. Le président français a compris instinctivement qu'il ne pouvait perdre sa dignité et se laisser faire. Il était la France. Depuis ce jour-là, il est considéré comme une rock star dans de nombreux pays arabes. L'ex-chef de l'État a toujours cherché à mettre en œuvre une politique équilibrée dans le dossier explosif du conflit israélo-palestinien. Las, il n'est jamais arrivé à convaincre les présidents américains de l'efficacité de sa stratégie. La politique arabe de Jacques Chirac s'est heurtée à un mur qu'il ne parviendra jamais à franchir malgré tous ses efforts.

Pourquoi a-t-il déployé un tel activisme dans cette région du monde ? Il y a d'abord une proximité réelle qu'il ressent avec l'Orient, mais elle n'explique pas tout. Chirac avait une vision et une crainte. Il fut parmi les premiers à sentir le danger d'une fracture entre l'Occident et l'islam. On peut lui faire beaucoup de reproches, pas celui d'avoir manqué de clairvoyance sur ce sujet. En tournée au Proche et Moyen-Orient, il insistait toujours sur les points communs entre les trois religions monothéistes, le judaïsme, le christianisme et l'islam, pour mieux conjurer les fantasmes, les incompréhensions et les surenchères.

Delenda ne s'attarde pas beaucoup sur l'épisode de Jérusalem. Elle considère que le vrai révélateur de la politique étrangère de Jacques Chirac, c'est l'Irak. Elle tient à rappeler le contexte de l'époque :

« Là encore, j'étais devant ma télévision. Je me souviens très bien de la date. Le 19 mars 2003, l'Amérique déclenche la guerre contre l'Irak. Pour ma part, je l'appelle la guerre du mensonge. Ce pays deviendra une sorte de laboratoire où les États-Unis vont tester leur projet du grand Moyen-Orient. J'ai fait des recherches sur ce sujet, ça me passionne ! Je suis comme une étudiante qui découvre tout ! À l'époque, ce qui m'avait frappé c'était le choix de la cible. Pourquoi l'Irak ? Les États-Unis ont été attaqués par Al-Qaïda ! Mais pourquoi s'en prendre à un régime, certes dictatorial, mais laïc ? Je ne me souviens plus en revanche de cette expression utilisée par Bush fils qui mettait tout le monde dans le même sac ?

— L'axe du mal, mamie. Dans un discours de janvier 2002, George W. Bush parle pour la première fois d'armes de destruction massive. Il désigne un nouvel ennemi, l'Irak, comme faisant partie de cet axe. À partir de là, ce n'était plus qu'une question de temps. Une course contre la montre dans le déclenchement de la guerre s'engage. Il fallait faire peur au monde entier pour que les dernières hésitations s'envolent. Il y avait encore beaucoup de réticences. Une gigantesque campagne médiatique est alors lancée. Je crois que c'était lors du premier anniversaire des attentats du 11 septembre. Dick Cheney, vice-président, met les pieds dans le plat en affirmant que Saddam Hussein a des armes de destruction massive. Comme toi, mamie, je me disais que c'était trop gros. Qui menaçait le monde ? L'Irak ou Al-Qaïda ? Les deux, mon capitaine, selon l'administration Bush. Le piège se referme doucement, mais sûrement. Comble du cynisme, le président américain se rend aux Nations Unies en faisant croire qu'il tiendra compte des résolutions de l'ONU. En réalité, tout était déjà prêt pour la guerre qui changera l'avenir de la région et même du monde !

— Et comme d'habitude, Sonia, les Anglais marchent les yeux fermés derrière les Américains. Il fallait quand même avoir du courage pour dire non à cette guerre ! J'aurais bien aimé être une petite souris à l'Élysée pour savoir comment ça s'est passé ! »

J'adore avoir ce genre de conversations avec ma grand-mère. Delenda est une vraie passionnée d'histoire et de politique. Elle cherche toujours à comprendre. Elle m'oblige aussi à être rigoureuse et nuancée dans mon récit et mes souvenirs. Comment la France a-t-elle abouti à la décision de ne pas s'engager en Irak ? Étions-nous portés par l'idéal gaulliste face à une Amérique guerrière et assoiffée de vengeance ?

Une chose est acquise aujourd'hui : l'administration US a falsifié et sur-interprété les supposées preuves de présence d'armes de destruction massive en Irak. La France, au contraire, a estimé que le manque de coopération de Saddam Hussein ne signifiait pas forcément qu'il détenait de telles armes. Différence d'appréciation majeure. Ce n'était pas la seule raison du non français. Jacques Chirac voulait aussi marquer sa différence, ne pas être le « toutou » des Américains comme le sont les Anglais. L'occasion lui en a été offerte devant le monde entier. Cela ne signifie pas que sa politique était anti-américaine. Jusqu'au bout, il aura essayé d'éviter la confrontation avec les États-Unis. Chirac appellera à plusieurs reprises Bush, pour lui jurer que la politique française n'est pas dirigée contre l'Amérique. La voix de la France était singulière et indépendante, pas anti-américaine. Ami, allié, non-aligné ! Mais les Américains ne peuvent pas comprendre cette position. Leur vision des choses est souvent binaire. Soit on est avec eux, soit contre eux !

La neutralité n'existe pas, à leurs yeux. Jacques Chirac n'était pas anti-américain pour autant, il ne voulait pas partir à l'assaut d'un monde compliqué, au nom du bien, voilà tout. Ce qui n'est, en réalité, qu'un prétexte colonial. Lui connaît son histoire. Il a été militaire en Algérie et a retenu l'inutilité de ces guerres perdues d'avance.

Delenda n'est pas d'accord. Pour elle, Chirac c'est l'anti-Bush. Elle estime que la politique française est, de fait, anti-américaine à ce moment précis de l'histoire. Peu importe, je ne cherche pas à la convaincre. Ma grand-mère préfère insister sur l'instant où tout a basculé.

« Si Bush fils veut attaquer l'Irak c'est parce que les néo-conservateurs reprochent à son père de ne pas l'avoir fait au moment où Saddam Hussein a envahi le Koweït. Le rejeton veut en quelque sorte finir le job du papa. Je revois encore cette image avec celui qui tient une petite fiole à la main, comment s'appelle-t-il déjà ?

— Powell, Colin Powell. C'était le 5 février 2003. Il présente alors au monde les soi-disant preuves de présence d'armes chimiques en Irak. Je pense, mamie, qu'il a été lui-même abusé. Il l'a d'ailleurs douloureusement reconnu plus tard dans un livre. Tout était faux. Il parle d'une tache indélébile dans sa carrière. Ce sont les informations fournies à l'époque par la CIA et son patron, Georges Tenet, qui vont l'induire en erreur. Il a été choisi pour prononcer ce discours à l'ONU car il était considéré comme l'un des membres les plus sérieux, si ce n'est le plus sérieux, de l'administration Bush de l'époque. Pourtant, au même moment, les Allemands n'ont eu de cesse d'alerter les renseignements américains sur le manque de fiabilité de ces informations.

« Quelle incroyable propagande ! Tu as raison, il faut avoir du cran politique pour venir, quelques jours plus tard, prononcer le discours de Dominique de Villepin. Ce n'est jamais facile de défendre la paix. Le 14 février 2003, le Premier ministre, au nom du président de la République, dira les mots que nous avions besoin d'entendre. Je me souviendrai toujours de ce paragraphe sur ce que nous sommes, je voudrais te le citer : "Dans ce temple des Nations unies, nous sommes les gardiens d'un idéal, nous sommes les gardiens d'une conscience. La lourde responsabilité et l'immense honneur qui sont les nôtres doivent nous conduire à donner la priorité au désarmement dans la paix. Et c'est un vieux pays, la France, un vieux continent comme le mien, l'Europe, qui vous le dit aujourd'hui, qui a connu les guerres, l'occupation, la barbarie. Un pays qui n'oublie pas et qui sait tout ce qu'il doit aux combattants de la liberté venus d'Amérique et d'ailleurs. Et qui pourtant n'a cessé de se tenir debout face à l'histoire et devant les hommes. Fidèle à ses valeurs, il veut agir résolument avec tous les membres de la communauté internationale. Il croit en notre capacité à construire ensemble un monde meilleur." Ce fut un moment intense. Une époque où la France et l'Allemagne constituaient aussi un véritable duo et moteur. Paris et Berlin ont eu, en effet, une position commune dans une Europe éclatée. Tony Blair, José María Aznar, Silvio Berlusconi ou encore José Manuel Barroso ont ouvertement défié les deux capitales, en publiant une tribune dans le *Wall Street Journal* en faveur de la guerre. On oublie qu'une grande partie de l'Europe était contre Chirac !

— Je n'oublie pas, moi ! Et c'est pour ça que Chirac restera toujours dans mon cœur. Je ne suis ni de droite ni de gauche. D'ailleurs, ma Sonia, quand je regarde la politique en France aujourd'hui, je ne sais pas s'il y a de vraies différences... M'enfin, ça c'est un autre sujet. Je retiens qu'en refusant de s'engager en Irak, Chirac voyait plus loin que les autres sur le plan international.

« Il ne voulait pas du choc entre le monde arabo-musulman et l'Occident.

« Pour toutes ces raisons, à mes yeux, ce sera Chirac *forever* ! »

Chapitre 10

UNE CERTAINE IDÉE DE LA FRANCE

Depuis quelques jours, Delenda est fatiguée. Ses incessants va-et-vient dans la maison de La Goulette l'ont épuisée. Ma grand-mère ne sait pas dire non. Cherchant à rendre service à toute la famille, elle oublie parfois l'âge de ses artères. L'escalier, qu'elle emprunte plusieurs fois par jour, la mine de plus en plus. Alitée, elle consacre son temps à lire les journaux et à regarder les émissions politiques. Sans oublier de m'appeler.

« Quel temps fait-il à Paris ? Il paraît qu'il pleut tout le temps. Couvre-toi bien, ma petite-fille.

— Qu'est-ce qui se passe, mamie ? C'est le quatrième appel de la journée, je vais bientôt devenir miss Météo à force de te raconter l'évolution du ciel ! »

J'arrache difficilement un sourire à Delenda. Sa voix reste mélancolique. Je n'aime pas la savoir ainsi.

Comment faire pour lui remonter le moral à des milliers de kilomètres ? Je reste patiente, je l'écoute. Elle finira bien par me confier ce qui ne va pas. Après de longues minutes de conversation, au détour d'une phrase, je saisis enfin ce qui la tourmente.

Ma grand-mère a peur d'être un poids pour ses enfants.

« J'ai vieilli, mes jambes me font mal, j'ai l'impression que tout craque en même temps. Je ne sers plus à grand-chose maintenant…

— Allons bon ! Je ne veux pas t'entendre dire ça ! Tu t'occupes de tout le monde, c'est normal que tu sois fatiguée. Il faut que tu penses un peu à toi, sois égoïste parfois. Tu mérites tant de te reposer et d'être chouchoutée.

— Je peux te confier un secret ?

— Tu sais bien que tu peux tout me dire.

— J'ai fait un cauchemar hier qui m'a beaucoup marquée. Je me suis réveillée paniquée en pleine nuit. J'ai rêvé… oh ! c'est difficile à raconter… j'ai rêvé… que vous m'aviez laissée dans une maison de retraite. J'étais dans une chambre que je ne connaissais pas. Il y avait des photos de vous. Seulement, ce n'était pas chez moi. Je n'étais plus à La Goulette, dans mon quartier adoré. J'ai crié. J'ai appelé mes enfants. Sans réponse. Je me suis retrouvée seule avec mes souvenirs. J'avais l'impression de devenir folle. Je ne cessais de répéter : “Qu’est-ce que je fais là ?” »

Ces mots me bouleversent. Mes yeux sont embués de larmes, ma gorge nouée par l’émotion. Je n’arrive pas à prononcer un seul mot. J’ai tellement envie d’être à ses côtés, de lui prendre la main, de la rassurer, même si l’inquiétude qui la traverse n’a aucun sens. Personne n’a jamais pensé à l’emmener dans une maison de retraite. Ma mère et ses sœurs ne laisseraient jamais faire cela. Sans compter qu’en Tunisie, comme ailleurs au Maghreb, c’est toujours considéré comme « *la hchouma* », la honte. Que l’on soit issu d’un milieu aisé ou modeste, on vieillit chez soi, à la maison, avec les siens. La solidarité familiale fonctionne encore même si de nombreux enfants envisagent cet ultime recours pour leurs parents malades, atteints d’Alzheimer.

Après avoir calmé Delenda, j’essaie de lui expliquer la situation sur ce sujet délicat en France. Ma grand-mère pense qu’il existe une différence culturelle entre les pays du Nord et ceux du Sud. Elle n’a pas tort. Sauf que le tableau est plus nuancé.

« Tu sais, parfois, il n’y a pas le choix. Ne crois pas qu’en France, on amène ses parents de gaieté de cœur en maison de retraite. C’est souvent pour leur propre sécurité. Les enfants ne peuvent pas passer toute la journée auprès de leurs aînés. Ils s’inquiètent d'éventuels accidents. Sans compter les maladies graves qui doivent être prises en charge. Cette étape de la vie est vécue, par tous, comme un déchirement.

— Ça me fait peur tout ça… Quand je vois ces reportages à la télévision, je suis triste pour eux, ma petite-fille. Il faudrait faire quelque chose pour que la maison de retraite soit un lieu de vie plutôt qu'un lieu où on attend la mort. Ça me choque. La première mort c'est quand on vous oublie. Vous avez le sentiment de ne plus faire partie de la société. Il faut changer les choses ! Il faut agir ! »

Delenda reprend enfin du poil de la bête. Je n'arrive plus à l'arrêter. Son ton se fait désormais plus vif.

« La France est un grand pays quand même ! J'ai l'impression que vous tous, là-bas, vous l'oubliez. Il faut que tout soit à la hauteur, y compris la fin de vie. Il faut davantage de dignité ! Je te le répète, Sonia, la France est un grand pays…

— Pourquoi tu me dis ça ? Je sais que la France est un grand pays… »

Ma grand-mère me coupe brusquement la parole : « Ah bon ? Ça ne s'entend pas dans les débats que tu mènes ! Vous n'arrêtez pas de vous plaindre du chômage, des migrants, des entreprises qui ferment et même du mauvais temps…

— Attends, mamie ! C'est la réalité, ce sont des faits. C'est mon métier. Je ne suis pas là pour prétendre que tout va très bien, madame la marquise !

— Ce n'est pas ce que je te dis. Il y a ton métier de journaliste que je respecte, et puis ta vie de tous les jours. Tu ne te rends plus compte. Tu te plains de plus en plus souvent de la situation en France. Je préfère t'alerter. Tu es devenue comme tous ces professionnels de la complainte. Tu sais, je viens de lire un ouvrage passionnant. C'est un livre que tu as oublié cet été avant de repartir à Paris. Les *Mémoires de guerre* du général de Gaulle. Il y parle d'une certaine idée de la France. Vous devriez tous vous en souvenir ! J'y crois, moi ! La France n'est pas n'importe quel pays dans le monde… »

Quel retournement de situation ! Tandis que je voulais lui remonter le moral, Delenda me fait la leçon. Sa saillie m'interpelle. Suis-je réellement devenue ainsi ? La tendance actuelle au « déclinisme » m'a-t-elle contaminée ?

J'ai toujours considéré la France comme un grand pays. Seulement, le pouvoir est passé entre d'autres mains aujourd'hui. Les équilibres mondiaux, depuis le XXe siècle, ont basculé en faveur des États-Unis et de la Chine.

Les politiques, de droite comme de gauche, ont beau flatter, dans leurs discours, la grandeur de la France, ils ont collectivement contribué à son déclassement international. À tel point que cette dimension de grandeur passe pour un mythe aux yeux des Français.

J'explique à Delenda mon sentiment. Je souffre de voir la France reculer dans certains domaines. Malgré tout, je reste raisonnablement optimiste. J'ai confiance en l'avenir. Pointer la réalité de la désindustrialisation, mettre en avant la peur du déclassement et insister sur les faiblesses patentes de l'Europe n'est pas être décliniste. C'est une réalité qu'il serait au contraire dangereux d'occulter. Je ne suis pas nostalgique d'un âge d'or, je regrette simplement l'absence de grands discours sur un vrai projet collectif. En désertant ce terrain, gauche et droite ont laissé, pendant des années, un boulevard aux extrêmes. Je note que François Fillon a évoqué le besoin de fierté des Français. Il a eu raison de le dire. Il faut davantage le décliner. Les partis « classiques » doivent renouer avec ce sentiment national qui ne doit pas être un sujet tabou. Il faut redonner aux Français des raisons d'espérer et de croire, collectivement, en eux-mêmes. Pour cela, il est impératif d'administrer un coup de fouet à la caravane France. Notre pays se traîne depuis si longtemps au rang d'une ancienne puissance du Vieux Continent. Certains voudraient nous faire croire que notre modèle social reste une exception. Bien sûr, il est toujours aussi généreux, mais son obésité l'empêche aujourd'hui de progresser. Il suffirait de peu pour que la machine reparte.

Delenda n'a pas tort : cessons de nous tirer non pas une mais des balles dans le pied.

Lorsque le journaliste Jean-Michel Aphatie, invité de mon émission sur Public Sénat, lance, non sans esprit de provocation : « Il faut raser Versailles, pour que nous n'allions pas là-bas en pèlerinage pour cultiver la grandeur de la France », le « buzz » est garanti. Et les réactions outrées fusent. Je les comprends. Pourquoi un tel complexe ? Pourquoi ne devrions-nous pas être fiers de cet héritage. Vanter la grandeur de la France ce serait donc être nostalgique ou pire, colonialiste ? Sûrement pas.

Là encore, on me dira que j'appartiens à une minorité. On m'opposera l'autre partie des Français musulmans qui ne se reconnaissent en rien dans ce discours. Je ne me voile pas la face, je sais que certains, je dis bien certains, ont la haine du pays. Comment leur faire aimer la France ? Il n'existe pas de recette miracle. En revanche, il est urgent de casser des logiques. Les logiques de communautés dans les quartiers ont un effet dévastateur. Cette communauté n'est pas uniquement déterminée par son appartenance à la religion musulmane. Il y a aussi une forme de solidarité par couches sociales. Il faut venir à bout de ce déterminisme social et ethnique. Ces blocs d'exclus sont aujourd'hui mis à l'écart de la France qui fonctionne. Plus le fossé se creuse, plus ils auront tendance à se réfugier dans une lecture erronée de l'islam pour trouver une forme de refuge identitaire.

Cessons de chercher à qui incombe la faute de cet état de fait et allons de l'avant. Je crois en la politique.

Mais en la vraie et grande politique. Celle qui peut changer nos vies et rompre ce cycle mortifère pour notre pays. En cela, le travail des élus est primordial. Changer la vie d'un quartier, c'est redonner la fierté à ses habitants. Il n'y a pas de petites actions. Les maires, aux quatre coins de la France, ont une responsabilité politique, sociale, culturelle et presque philosophique. Ils tiennent notre destin entre leurs mains. Bien plus que les responsables politiques de premier plan.

Ma grand-mère m'écoute attentivement puis m'interroge :

« Tu as cru à l'identité heureuse d'Alain Juppé ?

— C'était un objectif et non un diagnostic. Alain Juppé a été moqué pour avoir mis en avant ce concept. Il n'a jamais dit, à ma connaissance, que l'identité heureuse est une réalité en France. Le rôle d'un politique consiste aussi à montrer une espérance. Sinon, toute élection finirait par ressembler à un concours de noirceur. Malgré tout, il a fait une erreur qui lui a coûté très cher à la primaire de la droite et du centre ! Celle d'avoir laissé caricaturer son idée. Alain Juppé a sous-estimé les angoisses profondes des Français. Le pays attend un discours de vérité. »

Ma grand-mère renchérit sur ce thème : « Pourquoi cette question de l'identité est-elle devenue une obsession en France ?

— Je ne crois pas que ce soit spécifique à la France, mamie. Partout, la mondialisation a brouillé les repères. Les changements de fond provoquent des interrogations sur notre devenir. À chaque rupture dans l'histoire, l'angoisse d'un peuple ressurgit. Comme en Tunisie ! Après la révolution, en 2011, il a fallu imaginer les fondements d'une nouvelle société. On a convoqué les drapeaux et l'hymne national. Ça ne veut pas dire que le pays se recroqueville. Le retour aux fondamentaux permet de penser l'avenir. Il est tout à fait légitime de se demander qui nous sommes, ce que l'on veut et où l'on va. La nouvelle constitution a permis, en partie, de répondre à ces interrogations. L'identité tunisienne plonge ses racines dans des bases arabo-musulmanes, tout en aspirant à une société plus moderne, plus ouverte.

— C'est drôle, je te pose une question sur la France, tu me réponds sur la Tunisie. Tu pourrais presque faire de la politique, ma petite-fille ! (Rires.) Tu sais esquiver. Plus sérieusement, qu'est-ce que ça signifie, pour toi, être français ?

— Tu me fais passer un examen ou quoi ? Pas facile ta question... Ce qui me vient tout de suite à l'esprit, c'est le patrimoine. Être français, c'est partager un patrimoine historique commun. Les grands personnages qui ont façonné l'histoire en font partie. Il y a aussi les paysages de France. On entretient toujours un rapport particulier avec la terre sur laquelle on vit.

— Pourtant, Sonia, tu n'es pas née en France...

— Ma citoyenneté est un lien très fort ! Je fais partie d'une communauté nationale.

— Ce n'est pas contradictoire avec ta double nationalité ?

— Ah, l'éternel débat. Pour certains, je ne suis pas assez française. Dis-moi en fonction de quels critères, on va juger si je suis moins française que mon voisin né ici ? J'aime ce pays, je paye mes impôts, j'y ai suivi mes études, mes enfants contribueront à préserver le système des retraites. Que me demander de plus ? On ne va quand même pas hiérarchiser les citoyens ! Et pourquoi ne pas aller jusqu'à me sonder le cœur pour voir si je préfère la Tunisie ou la France ? Car le problème est bien là. Les détracteurs de la binationalité nous accusent de ne pas suffisamment montrer notre attachement au pays. Ils profitent du moindre incident pour souffler sur les braises de ce débat. Pure démagogie ! Si, demain, la double nationalité m'était retirée, ça ne changerait rien à ce que j'éprouve pour mes deux pays. Le sentiment d'appartenance ne se mesure pas au nombre de papiers ni de passeports. Ce n'est pas en supprimant la double nationalité que l'on résoudra le problème, réel, des failles dans notre communauté nationale. C'est un fantasme ! Un fantasme, je te dis !

— Ne t'énerve pas, ma petite-fille. C'était une simple question. Je sais bien que tu as le cœur assez grand pour tes deux pays. Vive la France et vive la

Tunisie. Voilà, ce sera ma conclusion ce soir. Je t'embrasse, à demain. »

À la fin de la conversation, Delenda avait oublié son mal-être passager. Nos discussions, désormais quotidiennes, agissent comme un antidote à son ennui. J'y prends goût aussi. Ce pont que nous avons bâti entre la France et la Tunisie me rappelle constamment la richesse de ma double culture. Un bien précieux en ces temps troublés.

Chapitre 11

Chrétiens d'Orient, frères de terre

Qaraqosh la chrétienne a été libérée du joug du groupe terroriste, État islamique. Tel est l'intitulé de la dépêche que je découvre ce samedi 22 octobre 2016, à mon réveil. L'armée irakienne a repris la ville située à une vingtaine de kilomètres au sud-est de Mossoul. Avant Qaraqosh, il y a eu Bartella, autre localité chrétienne d'Irak, délivrée cette semaine. À chaque fois, les soldats découvrent un spectacle de désolation. Maisons éventrées, églises incendiées, villages méconnaissables. Les chrétiens d'Orient retourneront-ils sur leurs terres natales ? L'exode a été massif. L'annexion par Daech de la plaine de Ninive a déclenché des départs par milliers. La quasi-totalité de ces minorités en danger ont trouvé refuge au Kurdistan irakien ou plus loin, en Europe. Le travail de reconstruction et de déminage de ces villes sera long. Tout comme la cicatrisation des plaies physiques et morales. Seules notes d'espoir, les chants qui montent à nouveau de l'église dévastée de Qaraqosh.

Terrible destin que celui de ces hommes, femmes et enfants chassés de leurs habitations alors qu'ils sont au Moyen-Orient depuis deux millénaires. Pourtant, leur situation fait rarement la une des journaux.

Les chrétiens d'Orient sont les éternels oubliés de l'histoire. Comment expliquer une telle injustice ?

Delenda a une idée précise sur le sujet. Elle m'a demandé de l'appeler vers 17 heures pour en parler. Comme tous les samedis, ma grand-mère est très occupée. Elle s'affaire en cuisine, avant de recevoir une partie de la famille à déjeuner. Je l'imagine, entre ses fourneaux, jonglant avec les casseroles. La température est à son comble. Dans les assiettes, les couleurs explosent. Il y a le jaune des citrons confits, le rouge de l'*harissa* (purée de piments) et la teinte dorée aux reflets verts de l'huile d'olive.

Ma grand-mère cuisine avec générosité. Il y en a toujours trop, comme si elle attendait des invités supplémentaires. On ne sait jamais, a-t-elle l'habitude de dire. Au menu, elle a prévu de servir un couscous de poisson. Une recette typiquement tunisienne. Comme à son habitude, elle est allée, quelques heures plus tôt, acheter deux kilos de mérou au marché. Pas n'importe quel marché, celui de La Goulette, sur l'avenue Franklin-Roosevelt. On y trouve tous les produits de la mer. L'arrivage est journalier. Le tout se fait dans une ambiance survoltée. Crieurs, poissonniers, préparateurs de coquillages, des dizaines de personnes travaillent dans un désordre organisé. Je n'ai jamais compris comment elle arrivait à s'y retrouver. Je l'imagine, en ce samedi ensoleillé, déambulant entre les étals de bars, turbots, dorades, oursins, crevettes et autres soles bien grosses et fraîches. Delenda est douée pour le contact. Tout le monde l'adore, même si elle négocie dur les prix. Elle n'est pas la seule dans ce cas. Le poisson est un produit de luxe pour beaucoup de Tunisiens. Seules les familles aisées peuvent en consommer régulièrement.

Il est déjà 10 heures lorsque ma grand-mère investit sa cuisine. C'est un marathon qui démarre. Heureusement, elle a pensé à demander au poissonnier d'écailler et de bien vider le mérou. La suite, je la connais par cœur. J'ai passé une grande partie de mon enfance à observer ses gestes. J'ai toujours pensé que Delenda était un peu magicienne. Sa manière de saupoudrer le cumin sur les tranches de poisson ressemble étrangement aux mouvements de Merlin l'Enchanteur quand il fait voler sa poudre de perlimpinpin. Tout me semblait sorti d'un conte de fées. Y compris la décoration de la table agrémentée de fleurs artificielles, de ronds de serviettes et de bougeoirs à l'ancienne.

Vers 13 heures, la sonnerie retentit et la maison de La Goulette s'emplit peu à peu. Le déjeuner se prolongera jusque tard dans l'après-midi.

Ces moments me manquent. Je ne retourne pas aussi souvent que je le voudrais en Tunisie. J'aime sa dualité. Un pays si fragile en apparence, si fort grâce à ses traditions. Chaque coup qui lui est porté me blesse. Chaque lueur d'espoir qui jaillit me transporte. Ma relation avec lui est charnelle. Je ne veux pas m'en éloigner. Les appels de Delenda me permettent de nourrir ce lien indéfectible.

À 17 h 30, ma grand-mère me contacte à partir de l'application Skype sur ordinateur. Nous avons pris l'habitude d'échanger par ce biais. Pratique, gratuit, il me permet aussi de la voir. Ses traits sont tirés. Le brushing n'a pas résisté à la longue journée passée en cuisine. Elle tente néanmoins de faire bonne figure. Ses pommettes sont rehaussées par un fard aux teintes pastel, sa peau laiteuse poudrée de rose. Elle ne dit rien de sa fatigue et enchaîne directement sur notre sujet du jour.

« C'est important ce que je veux te dire, Sonia. Les chrétiens d'Orient, il ne faut pas en parler comme s'ils étaient une catégorie à part. D'Antioche à Bagdad, de Jérusalem à Damas, ils sont chez eux ! Ces terres sont autant les leurs que les nôtres. Si leur exode se poursuit, nous sommes menacés. Ces populations constituent un trait d'union entre l'Orient et l'Occident. Si elles ne reviennent pas, c'est une part de la civilisation qui se meurt et s'envole.

— Voilà un beau discours, mamie, sauf que la réalité est tout autre. Désolée de te le dire. Il faut être lucide sur ce qui se passe. Nous sommes très loin de tes propos lyriques. Les chrétiens d'Orient ont été protégés par des régimes autoritaires, voire des dictatures comme en Irak et en Syrie. Étant minoritaires, ils ont été contraints de chercher la protection des pouvoirs en place. Qu'on le veuille ou pas, Bachar el-Assad les a toujours couvés, assurant leur liberté de culte. Le régime de Damas instrumentalise ces populations, mais elles lui sont reconnaissantes de cette bénédiction. Ils n'ont alors d'autres choix que de s'allier à ces pouvoirs. Ailleurs, malheureusement, il y a peu de pays qui considèrent leur exode comme un drame. Pourquoi ces chrétiens n'ont-ils pas la même place en Orient, que les musulmans en Occident ? C'est une vraie question, et un sujet tabou ! Entre les chrétiens d'Orient et les musulmans d'Occident, il n'existe aucune comparaison possible. C'est la pratique du deux poids, deux mesures.

« J'entends déjà les arguments des bien-pensants qui vont m'opposer toutes les difficultés rencontrées par les musulmans en France et en Europe. Je ne nie pas ces barrières. Je dis simplement que comparaison ne vaut pas raison sur ce sujet. Que les chrétiens d'Orient ne soient pas considérés comme des citoyens à part entière dans de nombreux pays musulmans est un fait. Quand ils ne sont pas opprimés, ils sont persécutés ou subissent une pression insidieuse. Autant de discriminations institutionnalisées, l'objectif étant d'entraver la pratique de leur culte. Ce sont des citoyens qui sont certes chez eux, seulement ils sont considérés comme des étrangers, des intrus. Tu dis qu'il ne faut pas les appréhender ainsi, mais ce sont les faits !

— Alors il ne faut pas s'y résoudre ! Les chrétiens d'Orient sont nos frères de terre. S'ils quittent le Levant, ils emportent avec eux une part de lumière. Le risque, ma petite-fille, est de nous plonger dans l'obscurité et l'obscurantisme après leur exode. La diversité culturelle et religieuse en Orient est notre bien le plus précieux. Tu sais, ils étaient là bien avant l'islam, avant le prophète Mahomet. Ce sont des médiateurs nécessaires et, j'insiste, nos frères de terre ! »

La phrase de Delenda est juste. Les chrétiens d'Orient sont nos frères de terre. Je l'ai mieux compris lors d'un récent voyage en Égypte. Ce pays est celui des tout premiers chrétiens. Un musée raconte leur histoire. Le musée copte du Caire. Je suis passionnée par ces lieux d'histoire oubliés. J'y consacre beaucoup de temps à travers une association qui leur est dédiée. Chaque année, nous mettons en valeur un musée du pourtour méditerranéen. Un livre d'art, une plateforme interactive ainsi qu'un documentaire produit par Arte sont consacrés à ces trésors. C'est le cas avec le musée copte qui souligne le rôle central des chrétiens au sein du monde arabo-musulman.

« Sonia ? Tu es encore perdue dans tes pensées ? Concentre-toi sur ce que je te dis. Tu as raison de rappeler le triste sort des chrétiens d'Orient en terre d'islam. Toutefois, il y a eu des moments de vraie coexistence.

— Ah bon ? Lesquels ?

— Ma petite-fille, il ne faut pas tout repeindre en noir. Au début du XXe siècle, au Moyen-Orient, un habitant sur quatre était chrétien. À une certaine période de l'histoire, au Liban, en Jordanie ou en Irak, on pouvait même parler d'une harmonie religieuse. Ce qui a tout bouleversé, c'est l'intervention américaine. Tu vas encore me dire que je radote sur ce sujet, pourtant, il y a eu un avant et un après-guerre d'Irak. L'instabilité générée par ce conflit a favorisé l'émergence du monstre Daech. On connaît la suite…

— C'est un peu trop facile, mamie… Tu as raison sur le chaos engendré par cette guerre. Toutefois, au sein de Daech aujourd'hui, il y a aussi des habitants de Mossoul ou d'autres villes. Sous la menace ou de son propre gré, une partie de la population a côtoyé de très près les djihadistes. Dans ce contexte, on peut facilement comprendre que les chrétiens d'Orient craignent de les retrouver comme voisins dans les villages. La coexistence ne va pas de soi.

— Puisque tu veux aborder tous les sujets, je souhaite aussi insister sur le silence coupable de ce que l'on appelle la communauté internationale ! Pourquoi n'y a-t-il pas un grand mouvement de solidarité en Europe pour les soutenir ? J'ai entendu, ici et là, des voix s'élever mais c'est insuffisant au regard de ce qu'ils subissent. Dis-moi pourquoi leur sort ne rassemble pas des millions de gens dans les rues d'Occident ? Pourquoi tant d'indifférence ? Il ne faut quand même pas oublier que l'Occident leur doit beaucoup, il leur doit la base de sa culture ! Ils sont les premiers chrétiens. Alors pourquoi beaucoup ferment les yeux sur leur devenir ?

— Je m'interroge aussi, mamie... Les chrétiens d'Orient subissent une double peine. Ils sont oubliés à la fois par les Arabes et par les Occidentaux. Le monde arabo-musulman leur doit pourtant énormément. Si l'islam a pu prospérer, c'est aussi grâce aux chrétiens d'Orient. Quant à l'Occident, il les considère comme des chrétiens de seconde zone. De toutes parts, ces populations sont reléguées à un insupportable statut d'infériorité. La France a le devoir de faire davantage pour eux. C'est un devoir et une tradition. Notre pays doit se souvenir de son rôle de protecteur des minorités. Je pense que la gauche française a une réticence sur ce point. Même s'il reconnaît sans aucune ambiguïté le danger auquel sont confrontés les chrétiens d'Orient, le gouvernement actuel ne veut pas laisser penser qu'il donne la priorité aux réfugiés chrétiens. Pourtant, cette cause ne devrait être ni d'un bord ni de l'autre. La conception de la laïcité de l'extrême gauche constitue un obstacle à une solidarité qui devrait être naturelle. Aider les chrétiens d'Orient dépasse le cadre de la simple religion. »

Sur l'écran de mon ordinateur, l'image de Delenda se fige puis se brouille. La liaison est désormais coupée.

Je ne rappellerai pas ma grand-mère ce soir, préférant la laisser se reposer. Nous sommes d'accord sur le principe : les chrétiens d'Orient sont nos frères de terre. Reviendront-ils chez eux en Syrie ou en Irak ? L'enjeu est de taille. C'est une question de paix et de civilisation. Minée par les persécutions et l'exil, la communauté chrétienne peut définitivement disparaître du Moyen-Orient. Aujourd'hui, le risque d'extinction de ces chrétiens est réel.

De cette pluralité culturelle et religieuse dépend aussi le devenir de l'islam.

Chapitre 12

La langue, une arme d'intégration massive

Delenda aime les mots. À tel point qu'elle a pris l'habitude de lire le dictionnaire comme d'autres dévorent un roman. Régulièrement, elle apprend un mot nouveau ou conforte ses connaissances. Ce rituel remonte à quelques années. Je me souviens très bien de ce jour de décembre 2006. Il faisait un froid polaire. Je travaillais à l'époque comme journaliste auprès du magazine international *Jeune Afrique* et ma grand-mère était venue me rendre visite à Paris. Nous avions rendez-vous près du siège de la rédaction pour déjeuner ensemble. Delenda devait prendre le bus et me retrouver à l'arrêt de la Porte d'Auteuil dans le XVIe arrondissement.

C'était une véritable expédition pour elle. Prendre les transports en commun toute seule relevait de l'aventure. J'avais décidé de quitter le travail plus tôt pour l'attendre à notre point de rendez-vous. Cette scène est restée gravée dans ma mémoire.

Au moment de l'ouverture des portes, j'entrevois Delenda, emmitouflée dans un long manteau. Elle met du temps pour descendre, s'agrippe à la rampe du bus. Derrière elle, un homme qu'elle ne voit pas s'impatiente. Il tente de la contourner sans succès, s'énerve, marmonne et trépigne. Concentrée sur les deux marches devant elle, Delenda ne remarque toujours rien. D'un geste brusque, il la pousse dans le dos. Ma grand-mère titube et perd l'équilibre. Son genou touche terre. Le contenu de son sac vole et s'éparpille sur le trottoir. Il y a un paquet de mouchoirs, des photos de famille, un vieux poudrier et son passeport tunisien. Elle ne comprend pas ce qui lui arrive. En se retournant, l'homme lui lance cette phrase dont chaque mot claque encore dans ma tête, onze ans plus tard : « Ah ben voilà ! Ça ne m'étonne pas ! Un passeport vert, c'est arabe ça. Faut apprendre à marcher plus vite ici ! Debout mémé ! »

Delenda, abasourdie, tente de lui répondre. Aucun mot ne sort de sa bouche. À quelques mètres de là, je reste clouée sur place, pétrifiée, figée. La colère m'envahit.

Pourtant, je ne réagis pas. Je suis comme anesthésiée par un sentiment trop fort qui m'ôte tout moyen. Au bout de quelques secondes, je reprends enfin mes esprits et me précipite vers ma grand-mère. De nombreuses personnes, choquées par le comportement de l'individu, entourent Delenda et l'aident à ramasser ses affaires. Elle les remercie, se relève et reste silencieuse. J'ai honte de ce qui lui est arrivé. Ce n'est pas ma faute, mais je me sens responsable. J'aurais tout fait pour revenir en arrière et effacer cette scène humiliante. Je lui prends la main pour la réconforter, lui demande si elle veut toujours déjeuner. Changement de programme, me répond-elle, sans autre commentaire.

Quelques minutes plus tard, tandis que nous marchons au hasard, à ma grande surprise elle m'annonce vouloir se rendre dans une librairie pour acheter un dictionnaire. Pourquoi un dictionnaire ? Je suis interloquée. Delenda s'en veut de ne pas avoir su répondre. Elle aurait voulu moucher le sinistre sire. Les mots lui ont manqué et elle ne veut plus que ça se reproduise. Depuis ce jour de décembre 2006, régulièrement, ma grand-mère apprend donc un nouveau terme dans le dictionnaire. Des années plus tard, cette habitude est intacte.

« Sais-tu ce que veut dire l'irénisme, ma petite-fille ?

— Tu continues à apprendre des mots ? Je t'admire, mamie. Tu vois, il n'y a plus de différences entre nous. Tu as rattrapé ton retard. Tu n'as peut-être pas fait de longues études, pourtant tu en sais bien plus que moi aujourd'hui. L'irénisme, tu dis ? Je crois que c'est une attitude de compréhension, il s'agit de mettre en avant ce qui rassemble. Je ne suis pas très sûre de ma réponse...

— Plus précisément, l'irénisme c'est la tolérance des erreurs et des écarts en matière de foi. Une attitude de charité. Tu as raison, c'est aussi la volonté d'insister sur ce qui nous rapproche. Et un exemple de ce qui rassemble, c'est la langue. Voilà pourquoi, il faut maîtriser parfaitement le français, cet outil qui nous unit et permet de se défendre.

— Comment ça, se défendre ?

— Si tu ne parles pas correctement le français, tu pars déjà perdant dans la vie. En revanche, si tu maîtrises la langue, tu as ton destin en main. Mon niveau a toujours été correct. Seulement, j'ai fait beaucoup d'efforts pour arriver à jongler avec les mots. Tout est possible quand tu parviens à dompter la langue du pays dans lequel tu vis. Aujourd'hui, je répondrai avec beaucoup de facilité à l'odieux personnage qui m'avait bousculé il y a quelques années à la descente du bus. J'aurais nommé les choses en le renvoyant à son racisme ordinaire. Désormais, la langue est devenue mon amie, ma complice. Elle ne me fait plus peur. Elle me permet de lire, d'apprendre, de discuter avec toi de tous les sujets qui me passionnent.

— C'est une vraie déclaration d'amour à la langue que tu fais là ! Je suis entièrement d'accord avec toi. Laisse-moi te raconter une anecdote dont je n'ai jamais parlé. »

J'aime partager des petits secrets avec Delenda. J'ai l'impression de rattraper le temps perdu. Toutes ces années passées en France, loin d'elle. L'histoire que je m'apprête à lui conter m'a beaucoup appris sur l'importance du rôle de la langue.

Pour acquérir la nationalité française par naturalisation, il était nécessaire, voici quelques années – et c'est encore le cas aujourd'hui – de passer un test d'évaluation. Lequel consiste en un entretien avec un agent de la préfecture, l'objectif étant de prouver une maîtrise correcte de la langue française. Autant dire qu'il s'agissait d'une formalité pour l'étudiante que j'étais. J'y suis d'ailleurs allée les mains dans les poches. En traînant des pieds, car ce rendez-vous m'agaçait profondément. J'estimais qu'après un baccalauréat obtenu avec mention au lycée français en Tunisie et des études de troisième cycle à la Sorbonne, je n'avais plus grand-chose à prouver dans ce domaine. Toutefois, j'étais prête à passer tous les tests d'évaluation de la terre pour décrocher le fameux sésame, mes papiers. Il faut dire qu'après des années de titres de séjour renouvelables, j'attendais ma naturalisation avec impatience et fébrilité.

Ce jour-là, nous étions une vingtaine à espérer réussir l'examen de passage. Absorbée dans la lecture de mon roman, je ne prête pas attention aux personnes qui m'entourent dans la salle d'attente, quand un petit bruit régulier finit par me déconcentrer. Je relève un moment la tête, parcours du regard l'assemblée puis me replonge aussitôt dans *Les Bienveillantes* de Jonathan Littell. Je n'en étais qu'aux deux cents premières pages sur les neuf cents restantes. Je tente de me concentrer à nouveau. Peine perdue. Je n'arrive plus à reprendre ma lecture. Ma voisine de gauche ne cesse de jouer nerveusement avec ses clés. Âgée d'une petite quarantaine d'années, le visage crispé, son angoisse est palpable. J'engage la conversation pour tenter de détendre l'atmosphère.

Maman de deux garçons de nationalité française, Malika vit ici depuis dix ans. Dans un français approximatif, elle m'explique sa situation. Son certificat de résidence arrivant à expiration, elle espère réussir aujourd'hui le test afin d'avoir plus de chances d'obtenir sa naturalisation. Divorcée, plongeuse en restauration, malgré toutes les difficultés rencontrées elle n'imagine pas sa vie ailleurs qu'en France. Je lui demande pourquoi elle n'a pas cherché durant toutes ces années à prendre des cours de français afin de faciliter sa vie de tous les jours. Malika peine à répondre. Elle cherche ses mots, s'interrompt à plusieurs reprises. Après d'interminables minutes ponctuées par de nombreux bafouillements, je finis par comprendre que son ex-mari n'a rien fait pour l'y encourager. Au contraire, il a sciemment freiné sa volonté réelle de s'intégrer. En l'empêchant d'apprendre correctement le français, il l'a, de fait, éloignée de la République. Coupable attitude aux conséquences dévastatrices.

Depuis sa séparation, Malika tente néanmoins de combler ses lacunes en suivant des cours du soir gratuits. Après le travail, le cœur serré de laisser ses jeunes garçons se débrouiller seuls dans leur petit appartement, elle rejoint une association de quartier. L'apprentissage y est sommaire. Il s'agit avant tout de maîtriser les fondamentaux de la langue.

Pendant qu'elle me parle avec difficulté, mélangeant français et dialecte marocain, je dévisage cette femme au regard noir et triste. Comment allait-elle passer le test d'évaluation alors qu'elle n'arrivait pas à finir une phrase ?

Ne pouvait-on pas la juger sur sa volonté de s'intégrer plutôt que sur la maîtrise du français ? Tandis que je me posais mille questions, Malika se leva brusquement. C'était son tour. Elle venait d'être appelée. Je la vis s'éloigner et disparaître derrière un box, le numéro 15. Je m'en souviens encore. Je ne cessai de penser à son parcours. Je l'imaginais à cet instant perdue face aux nombreuses questions de l'agent de préfecture. J'aurais aimé être son souffleur pour l'aider à franchir ce cap inatteignable dans de telles conditions.

Une dizaine de minutes plus tard, Malika réapparut, la mine toujours aussi sombre. En passant devant moi, elle me fit un petit signe en posant sa main sur le cœur. À peine avait-elle franchi le pas de la porte, que je fus appelée à mon tour. Ironie du sort, je suis interrogée par le même agent, box numéro 15. Je brûlais d'envie de lui demander comment Malika s'en était sortie. Il ne m'en laissa pas le temps et commença rapidement l'entretien. Les questions étaient banales. En y répondant, je me rendais compte de la chance que j'avais d'avoir pu bénéficier d'un parcours scolaire et universitaire exemplaire. Mes parents m'avaient donné le meilleur des passeports dans la vie. À la fin du test, pensant me faire plaisir, le fonctionnaire me lança cette phrase : « Quel contraste avec la personne qui vous a précédée ! Le jour et la nuit. Vous avez mérité haut la main votre naturalisation. Elle est acquise, vous pouvez être tranquille. »

Il ne savait pas qu'il m'avait, au contraire, plongée dans un abîme de perplexité. Terrible injustice pour Malika qui allait encore devoir prouver qu'elle « méritait » d'être française.

Son tort ? Malgré tous ses efforts, elle ne disposait pas de cette arme d'intégration massive par excellence, la maîtrise de la langue.

Chapitre 13

Les intellectuels musulmans n'ont pas la parole

En ce premier week-end de vacances d'hiver, un orage violent s'abat sur la Méditerranée et, en particulier, sur la Tunisie. Comme tous les samedis soir, Delenda est devant le petit écran. Les volets en bois claquent si fort que ma grand-mère doit monter au maximum le son de la télévision pour suivre son programme habituel. De l'autre côté de la rue, la mer est déchaînée. Les vagues viennent violemment s'écraser à quelques mètres du portail de la maison de La Goulette. Une couche nuageuse noire enveloppe la ville. Delenda craint les coups de tonnerre. À chaque détonation, elle prend sa tête dans ses mains et prie Dieu de faire cesser ce vacarme.

Vers minuit, le ciel se calme enfin et les étoiles réapparaissent les unes après les autres. Ma grand-mère n'arrive plus à trouver le sommeil. Elle regarde distraitement l'émission du samedi sur France 2. Ce soir, Laurent Ruquier reçoit le professeur et spécialiste de l'islam Gilles Kepel. L'universitaire vient parler de son livre, *La Fracture*. Il n'y va pas avec le dos de la cuillère. Il sonne une charge virulente contre les « islamo-gauchistes », les qualifiant de charlatans. Il fustige celles et ceux qui sont devenus les idiots utiles de la lutte contre l'islamophobie. Face aux chroniqueurs d'*On n'est pas couché*, Kepel déroule son argumentaire sans mal. La conversation se focalise sur les musulmans. Comment ont-ils réagi aux attentats, et en particulier aux attaques de *Charlie Hebdo* et de l'Hyper Cacher en janvier 2015 ? Contrairement à l'unanimité qui a entouré les attentats de novembre 2015, les réactions, après janvier, ont été contrastées affirme le politologue. Le slogan « Je suis Charlie » n'a pas été accepté et compris par tous. Laurent Ruquier s'apprête à poser une question sur ce sujet quand mon téléphone portable sonne.

Je suis étonnée en voyant le numéro s'afficher. Delenda ne dort pas encore à cette heure avancée de la nuit.

« Tu regardes Ruquier, je suppose ?

— Tu supposes bien… Sais-tu l'heure qu'il est ? Pourquoi ne dors-tu pas encore ?

— Sonia, je ne te le répéterai pas une seconde fois : arrête de me parler comme à un petit enfant ! C'est moi la grand-mère et toi la petite-fille, ne l'oublie pas !

— Oui, mamie, bien, mamie (rires), qu'est-ce qui t'arrive ? Pour quelle raison m'appelles-tu si tard ?

— Je suis choquée par ce que je vois à la télévision. Depuis au moins une demi-heure, on parle d'islam, d'attitude des musulmans, de leur manière d'être, de penser et de faire.

— Et ?

— Et il n'y a aucun musulman sur le plateau ! Je sais bien que M. Kepel est présenté comme un spécialiste de l'islam, mais il ne représente pas tous les musulmans quand même ! Pourquoi les nombreux intellectuels que nous connaissons sont si rares à la télévision ? Je ne comprends pas. On invite tous les philosophes de la terre, et pas ceux qui sont concernés au premier chef par l'islam. C'est une énigme ! Pourtant, toutes ces personnalités éclairées pourraient donner un avis très intéressant sur cette question qu'ils connaissent aussi. Pourquoi leur discours apaisé passe-t-il au second plan, après les propos haineux de certains ? »

Le bon sens de Delenda a encore frappé. Ma grand-mère met en avant un sujet qui m'a souvent interpellée. Pourquoi les défenseurs d'un islam de paix sont-ils si peu représentés dans les médias ? Après les brutales disparitions de l'anthropologue des religions Malek Chebel et de l'écrivain tunisien Abdelwahab Meddeb, quelles autres personnalités peuvent prendre la relève ? Les deux hommes avaient pour point commun de revisiter et de sans cesse questionner l'islam. Meddeb voulait incarner un Voltaire arabe ; quant à Chebel, il croyait dur comme fer à la perspective, même lointaine, d'un islam des Lumières. Érudits, ouverts, les deux auteurs dénonçaient l'aveuglement des tenants d'un islam radical.

Dans le vacarme ambiant où l'on entend plus facilement les prêcheurs de haine que les amis de la paix, ils arrivaient à susurrer à nos oreilles une douce musique porteuse d'espoir. Pour autant, aucun des deux n'est jamais tombé dans l'angélisme. Au contraire. Ils ne niaient pas l'existence de versets du Coran appelant à la violence, mais ils ont toujours rappelé les milliers d'autres, prônant la bonté et la concorde. Il faut du recul et un minimum de culture pour les interpréter et tenir compte du contexte dans lequel ils ont été rédigés. Malek Chebel et Abdelwahab Abdallah le rappelaient sans cesse. Ces deux intellectuels nous manquent cruellement en ces temps troublés.

Dans leur lignée, on trouve aujourd'hui le philosophe Abdennour Bidar. Auteur de nombreux ouvrages sur l'islam, personnalité engagée sur le terrain, il multiplie les apparitions dans les médias. Son appel aux musulmans à combattre l'influence de l'idéologie fondamentaliste a eu un écho certain. Toutefois, pour mener cette guerre qui est aussi une bataille de communication, il nous faudrait encore plus d'intervenants de la qualité de Bidar à la télévision ou à la radio. Je pense aussi à Boualem Sansal.

Mon confrère Charles Villeneuve m'en a récemment fait l'éloge. L'écrivain algérien est l'un des plus doués et des plus courageux de sa génération. L'auteur de *2084 La fin du monde* sait de quoi il parle. Il a vécu la guerre civile et la barbarie en Algérie. Il a été l'un des premiers à énoncer que l'islamisme était une forme de fascisme. Entre l'islamisme et le nazisme, la frontière est très mince, a-t-il coutume de dire.

Ces intellectuels sont des lanceurs d'alerte. Pourquoi ne les écoute-t-on pas davantage ? Très loin du politiquement correct, ils affirment, souvent au péril de leur vie, des vérités que certains ne veulent toujours pas voir ou admettre. Dans son premier roman, écrit en 1999, *Le Serment des barbares*, Boualem Sansal dénonce déjà le silence qui tue et l'abêtissement des masses par des pouvoirs dictatoriaux ou islamistes. Est-il déjà trop tard ? En tous les cas, tous ces penseurs musulmans s'accordent à dire qu'il faudrait un traitement de choc pour venir à bout de ce fléau. La première étape, élémentaire, consiste à voir la réalité en face. La fin de Daech ne signera pas l'éradication de l'islamisme.

Le poison continuera de se répandre, de se transformer, de s'attaquer aux artères vitales de nos démocraties. Pour reprendre une expression de Jacques Chirac, en la transformant, je dirais que notre maison brûle et que, pendant ce temps, nous faisons l'autruche. Jusqu'à quand ? À croire que certains voudraient voir s'installer une guerre civile en France pour enfin réagir et ouvrir les yeux.

Delenda a mille fois raison. Il est de notre responsabilité, nous autres journalistes, de tendre davantage le micro, d'inviter plus souvent sur nos plateaux de télévision toutes ces personnalités aux discours sans concessions. À cet égard, ce qui est arrivé à Kamel Daoud est insupportable. Que cet écrivain et journaliste du monde musulman ait été accusé de racisme et d'islamophobie montre la perversité du système qui nous entoure. Malheur à ceux qui diront la vérité. Drôle d'époque que celle que nous vivons. Parce qu'il a osé avouer ce qu'il ressentait après les agressions de Cologne, il a été cloué au pilori. Les « antiracistes » sont en train d'installer un climat de terreur intellectuelle. Leur objectif n'est plus de lutter contre le racisme mais de discréditer toute pensée libre qui n'irait pas dans le sens de leur idéologie.

Débattre de la religion et passer au crible tous ses travers pour chercher à comprendre, à réformer, est une action légitime et vitale. C'est ce que fait cette élite musulmane dont on a besoin, tout autant que la majorité des citoyens français de même confession. Ces penseurs réfutent l'idée simpliste selon laquelle il faut chercher les causes de la radicalisation dans les seuls facteurs sociaux.

Ma grand-mère renchérit :

« Ils ont raison tous ces intellectuels que tu viens de citer. Ce sont eux qu'il faut aider et entendre.

Seulement, j'ai plutôt l'impression qu'aujourd'hui tout le monde a un diplôme en islamologie ! Je ne parle pas de Kepel que je respecte et que je trouve sérieux... D'autres experts se succèdent pour parler de ce qu'ils ne connaissent pas. Ce sont ces charlots qui accablent les musulmans de tous les maux. Bien sûr, il ne faut pas avoir peur d'ausculter l'islam, mais il ne faut pas non plus complètement oublier le contexte géopolitique qui nourrit tant de haines, de frustrations et de ressentiment à l'égard de l'Occident. Le concept de frappes punitives a eu des effets dévastateurs. Jusqu'ici, toutes les options militaires ont été mauvaises. On vise un ennemi et on punit la population. Je me souviens qu'en 1983, des bateaux américains ont bombardé, depuis la Méditerranée, les forces syriennes au sud de Beyrouth. La guerre civile libanaise battait son plein. L'objectif des États-Unis était d'appuyer le gouvernement alors en place.

« Que s'est-il passé après ? Des attaques et des représailles ont visé des parachutistes français et des marines américains. Le bras vengeur a vite frappé. Tant que le Moyen-Orient ressemblera à un champ de ruines, ma petite-fille, des bombes humaines naîtront régulièrement avec pour objectif d'attaquer l'Occident.

— Attends, mamie, il y a quelque chose que je ne saisis pas. Dis-moi ce qu'un jeune immigré qui verse dans le fanatisme a à voir avec ce qui arrive au Moyen-Orient ? Ils se solidarisent de guerres dont ils ne connaissent rien ou presque.

— Peut-être qu'ils n'y connaissent rien. Ça reste néanmoins un carburant qui alimente les discours fanatiques des chefs terroristes. La clé réside dans un Moyen-Orient apaisé !

— Autant dire jamais alors !

— Ne sois pas défaitiste, Sonia. J'espère voir un jour, de mon vivant, un monde plus tranquille. Il est vrai qu'en l'espace de quelques années, que ce soit au Maghreb ou au Machrek, la Libye, l'Afghanistan et l'Irak ont été totalement déstabilisés. Sans oublier l'avenir de la Syrie qui est plus que jamais incertain. Peut-être aurait-il fallu écouter davantage ces intellectuels que tu as cités. »

Au moment où Delenda finit sa phrase, j'entends un énorme coup de tonnerre à l'autre bout du fil. Ma grand-mère hurle de frayeur. L'orage sévit encore en Tunisie. Dans la pénombre de la nuit, le ciel s'est soudain éclairé. Elle y voit un signe. Les terroristes ont sans doute gagné plusieurs rounds, mais le combat est encore long.

De notre capacité d'endurance dépendra l'issue finale. Delenda croit en la victoire de l'esprit de résistance. Pourvu qu'elle pense vrai.

Chapitre 14

FEMMES INDÉSIRABLES

C'est jour de marché pour ma grand-mère. Une fois par semaine, elle fait les grandes courses. Son itinéraire est invariablement le même depuis des années. Autrefois, lorsque j'étais lycéenne, j'adorais l'accompagner. Nous passions d'abord chez le fleuriste à Carthage, puis chez l'épicier du Kram, sans oublier le boulanger de Sidi Bou Saïd. Delenda connaît tout le monde, et tous la connaissent. Elle les appelle par leurs prénoms. Saïd, Akram, Mouna et le vieil Amar. Ma grand-mère met un point d'honneur à acheter toutes ses conserves chez Amar. C'est sa manière à elle de le soutenir. Menacé par la multiplication des supermarchés, l'épicier résiste et se bat au quotidien pour ne pas mettre la clé sous la porte. Derrière le comptoir, malgré ses quatre-vingts ans, il se déplace comme un jeune homme. D'une main, il attrape le paquet de biscuits au chocolat sur l'étagère bleue, de l'autre, il tape sur sa vieille calculatrice pour rendre la monnaie à un client pressé qui ne cesse de marmonner. Je n'ai jamais entendu le vieil homme se plaindre. Au contraire. Originaire de l'île de Djerba, il a toujours travaillé durement pour gagner sa vie chichement. Son visage, creusé par les rides et la fatigue, s'illuminait quand il nous voyait arriver. Ma grand-mère lui posait toujours la même question : « Comment vont tes vieux os aujourd'hui ? » Sa réponse fusait : « Vieux mais costauds ! Plus que tous ces petits jeunes qui ne savent plus ce que c'est que le travail. Tant que je tiendrai debout, je serai à mon poste ! »

Chez Amar, on trouve de tout. Il y a les produits alimentaires de base, mais aussi des couches pour bébés, du shampoing, et même les DVD des derniers films à l'affiche en France ou aux États-Unis. C'est un proche qui se charge de télécharger, via les réseaux *peers to peers*, les films et séries télévisées à succès, afin de les écouler auprès d'un public tunisien friand de nouveautés. Grâce à ce petit commerce florissant, l'épicerie arrive à se maintenir à flot.

En réalité, Amar est bien plus que l'épicier du coin. Il est aussi la mémoire du quartier. Il sait tout ou presque de chaque famille qui y est installée. Il a vu les enfants grandir, puis partir. Des couples se former, d'autres se déchirer, parfois sous ses yeux. Il a souvent joué le rôle du conciliateur pour éviter des drames. Comme la fois où son voisin a bien failli tuer sous les coups son fils aîné. Le garçon, tout juste âgé de dix-huit ans, s'était enfui du domicile familial. *Haragua* (ceux qui « grillent » la mer), comme tant d'autres jeunes Tunisiens, il avait essayé de rejoindre la France en passant par l'île de Lampedusa. Arrêté avant même d'embarquer, il avait été ramené le lendemain de sa disparition chez son père. Et tout le quartier a été témoin des hurlements du garçon. Frappé à la tête à coups de ceinture, il a pu échapper à son paternel en trouvant refuge chez Amar. Le vieil épicier a réussi, non sans mal, après une nuit de discussion, à calmer la colère du chef de famille. Ce soir-là et d'autres encore, il sera toujours présent dans les moments difficiles.

Lorsqu'Amar n'est pas à son épicerie, on le trouve au café mitoyen. Un établissement ordinaire et populaire qui ne paie pas de mine. À la terrasse, une dizaine d'hommes s'y attablent régulièrement. J'entendais souvent ma grand-mère grommeler que cette situation était anormale. Pourquoi les femmes ne pouvaient-elles pas prendre un café dans cet endroit ? Il n'y avait aucune mention indiquant qu'elles étaient *persona non grata*. Seulement, nous n'imaginions pas, avec Delenda, pouvoir nous asseoir au sein de cette assemblée exclusivement masculine. Nous aurions immédiatement essuyé, à coup sûr, des regards désapprobateurs. Y compris de la part du vieil Amar. Il y a bien sûr des cafés mixtes en Tunisie. Ce qui est choquant, c'est qu'il existe encore des lieux où la présence des femmes est mal vue.

Ma grand-mère ne l'accepte pas : « Les cafés font partie de l'espace public ! À mon époque, on pouvait peut-être tolérer ça, ma petite-fille. On nous disait que c'était culturel, étrange de voir des femmes se rendre seules dans ces endroits. Mais, aujourd'hui, une telle séparation est choquante ! Ce sont des pratiques sexistes, d'un autre temps, notre beau pays doit évoluer et ressembler aux pays occidentaux. »

Delenda ne se doute pas que cette situation existe aussi en France. Un reportage, diffusé avant-hier soir au journal de 20 heures de France 2, a mis en évidence les difficultés des femmes à s'imposer dans certains quartiers. On y voit des militantes de l'association Brigade des Mères à Sevran, en Seine-Saint-Denis, rejetées lors de leur arrivée dans un café. Filmées en caméra cachée, elles vont subir de nombreuses remarques et intimidations. L'un des hommes assis au bar, leur lance : « Vous n'êtes pas à Paris. Ici, c'est Sevran. » Cette interpellation m'a profondément choquée. Et donc, Sevran n'est pas en France ? De nombreux responsables politiques exprimeront leur indignation suite au reportage. Pourtant, ils ne découvrent pas cette situation. Doucement mais sûrement, la République recule. Derrière cette discrimination entre les sexes, sous ce machisme ordinaire, se répand le poison de la radicalisation. Les femmes, les jeunes filles tentent de résister mais les pressions sont fortes et les pouvoirs publics, aveugles. À Sevran ou dans les banlieues nord de Lyon, elles sont nombreuses à trinquer en silence.

Delenda n'en croit pas ses oreilles :

« J'imagine que tout le monde a condamné cette situation ?

— Ce n'est pas aussi clair, mamie. Bien sûr, de nombreuses voix se sont élevées contre de tels comportements. D'autres, au contraire, ont relativisé les faits.

— Comment ça relativiser ? Qu'est-ce qu'il y a à relativiser ?

— Certains ont été choqués du parallèle entre la discrimination des femmes et la religion musulmane.

— Ça suffit maintenant ! Je vais m'énerver : qu'est-ce qui ne va pas chez tous ces gens-là ? Au lieu de nous défendre, de nous aider, ils nous enfoncent toujours plus. Il est évident qu'il ne s'agit pas de dire que tous les hommes musulmans se comportent ainsi avec leurs femmes. La question n'est pas là : au lieu de toujours chercher des excuses et dédramatiser, il est temps de regarder la réalité en face. Si on veut le vrai islam, celui que je connais, serein, il faut lutter sans pitié contre la progression de l'islam radical. »

Je comprends la colère de Delenda. La mienne est plus froide, étant un peu blasée. J'ai l'habitude de lire ce genre de réactions, quasi pavloviennes. Comme ce sont toujours les mêmes qui vont chercher à relativiser la gravité des faits, leurs accommodements éclatent désormais au grand jour.

Benoît Hamon a poussé l'incongruité jusqu'à prendre en exemple les « cafés ouvriers » sans femmes d'une époque révolue. Ses propos ont provoqué un tollé. Il a tenté de se justifier en rappelant sa volonté sûrement sincère de lutter contre les discriminations faites aux femmes. Mais sur la lutte contre la radicalisation, son argumentaire ne me convainc pas. Nous sommes en droit de demander plus de gages dans une période aussi troublée. Certains font comme si tout était à relativiser.

Pourtant, tout le monde sait. À tous les échelons du pouvoir. Élus, responsables de premier plan, ils connaissent pertinemment la situation sur le terrain. Dès 2005, de multiples rapports des Renseignements généraux ont fait état de la progression inquiétante du mouvement salafiste sur le territoire. Les notes commandées par Matignon dressent une cartographie précise des zones d'influence. Les tentatives de déstabilisation se multiplient dans certains quartiers. Les villes moyennes sont les premières cibles – comme Rouen, Brest ou Châteauroux. Les militants associatifs ont tiré la sonnette d'alarme depuis des lustres. Ils se sont inquiétés très vite d'une nette tendance au repli communautaire chez les salafistes. On ne les écouta pas comme on ne les écoutera jamais. Tout comme on n'écoute pas celles qui subissent aujourd'hui une véritable omerta islamique. Jusqu'à quand ?

Il en va de notre responsabilité commune. Comment avons-nous pu laisser faire ? Des femmes indésirables dans l'espace public en France : la phrase sonne comme un dernier avertissement. Et il a fallu attendre un reportage pour s'en indigner.

Et après ? Rien. Nous sommes tous passés à autre chose. Ainsi va l'actualité. Une information chasse l'autre. Tout se vaut. Énième renoncement.

Laisser prospérer ces mini-États en France, c'est aussi condamner l'espoir d'un islam compatible avec la République. Peut-être s'agit-il du souhait cynique de ceux passés maîtres en relativisme ? Pour ma part, je ne laisserai pas faire. Cessons d'être paralysés par l'angoisse de l'amalgame entre islam et islamisme. Ce que l'on appelle le « rien à-voirisme » fait d'énormes dégâts. L'islamisme n'est pas l'islam. Une fois que nous avons dit cela, nous devons effectuer le travail d'introspection nécessaire pour aller de l'avant. On nous met des bâtons dans les roues au lieu de nous soutenir.

Delenda veut me raconter une anecdote au sujet de la présence des femmes dans les cafés. Malgré la gravité du sujet, elle prend, d'un coup, un air enjoué : « Je vais te faire rire, Sonia. Ça nous fera du bien en ce moment, y compris sur cette triste réalité. Il y a une semaine, à la télévision, j'ai regardé un programme de caméra cachée. Je me suis roulée par terre de rire ! Lors d'une émission diffusée sur

Attessia TV, des femmes tunisiennes ont filmé les réactions des hommes arrivant dans un café. Au sein de l'établissement, truffé de caméras, plusieurs jeunes filles s'étaient attablées en lieu et place des habitués mâles. Oh là là ! (Rires.) Si tu avais vu la tête de tous ces hommes en découvrant les nouveaux occupants ! Certains sont repartis aussitôt, d'autres étaient totalement perdus. Je trouve que c'était une manière très drôle de faire prendre conscience à la société des inégalités entre hommes et femmes. »

La scène est savoureuse. Sur le fond, Delenda et moi sommes déterminées. Nos témoignages croisés sont sans doute une goutte dans l'océan, mais nous croyons à la force du torrent provoqué pour lever toutes les barrières qui entravent aujourd'hui encore le chemin des femmes, des deux côtés de la Méditerranée.

Chapitre 15

DÉMOCRATIE ET PAYS ARABES

Depuis quelques jours, je n'arrive plus à joindre Delenda. Son téléphone portable sonne dans le vide. Ce qui n'est pas du tout dans ses habitudes. Ma grand-mère ne manquerait pour rien au monde nos appels et échanges quotidiens. Je ne m'inquiète pas outre mesure de cette absence prolongée, puisque ma mère m'a confirmé que tout allait bien. Toutefois, je m'ennuie de ne pas lui parler. Mes journées, bien que remplies, me paraissent vides sans nos conversations. Face à mon écran d'ordinateur, je navigue distraitement sur le net quand un appel, via Skype, me fait sursauter. C'est sûrement elle. Je clique sur le message qui affiche *appel entrant.* Delenda apparaît. Radieuse. Je m'étonne toutefois de la voir porter une *fouta et blousa,* cet habit constitué d'un haut en fine maille, souvent brodé à la main, et d'une longue jupe. En dentelles, en soie ou en tulle, ce symbole de la tenue traditionnelle de la mariée a habillé les femmes tunisiennes durant des siècles.

« Tu te maries, mamie ? (Rires.)

— Tu trouves ça drôle peut-être ? J'essaye la tenue que je vais porter tout à l'heure pour les fiançailles de l'une de tes cousines éloignées.

— Je plaisante ! Tu es magnifique. Ce vert pistache te va à merveille. Il fait ressortir tes yeux noisette et les reflets de tes cheveux châtain clair.

— N'en fais pas trop non plus, ma petite-fille. Arrête là les compliments… J'aurais préféré porter une robe toute simple, mais la tradition, c'est la tradition. La *fouta et blousa* fait partie de notre patrimoine vestimentaire.

— Elle te va bien et rappelle les femmes d'avant…

— Comment ça, d'avant ?

— Décidément, je ne peux rien te dire aujourd'hui. Je trouve simplement que ce vêtement rappelle une autre époque, c'est tout. Il n'y a rien d'insultant dans ma remarque.

— Ma petite-fille, laisse-moi t'expliquer quelque chose : la tradition ne s'oppose pas forcément à la modernité. Le grand couturier tunisien Azzedine Alaïa a récemment habillé une star américaine avec une *fouta et blousa*. Comment elle s'appelle déjà ? Cette chanteuse un peu folle… ?

— Il y en a beaucoup, mamie… Ça ne m'aide pas à trouver !

— Mais si, vous les jeunes, vous adorez ses chansons, elle n'arrête pas de se métamorphoser, elle est très extravagante !

— Lady Gaga ?

— C'est ça, Lady Gaga avec une *fouta et blousa* lors du défilé Victoria's Secret il n'y a pas très longtemps et à Paris. Ça te surprend, n'est-ce pas ?

— Génial ! Delenda et Lady Gaga même combat ! (Rires.)

— Il n'y a pas de combat, mais une continuité naturelle entre ta Gaga et ta mamie. Prenons l'exemple du caftan marocain : savais-tu que, dans les années cinquante, Christian Dior avait dessiné un magnifique caftan en satin noir. Quelques années plus tard, c'est Yves Saint Laurent qui l'imagina avec une ceinture. Et c'est très possible que ça revienne à la mode dans les années à venir ! Les traditions font partie de l'identité d'un peuple. On peut tout à fait les faire évoluer, mais il ne faut pas s'en détacher ni s'en moquer !

— Je sais que les traditions ont du bon. Tu peux toutefois difficilement contester qu'elles font partie du passé. Je dis simplement que le passé ne rime pas forcément avec progrès !

— Je nuancerai encore ce que tu avances, Sonia. Tu donnes l'impression, à l'inverse, que la modernité est synonyme de progrès. Pardonne-moi de te le dire ainsi, cette vision est simpliste. Et parfois même dangereuse. Au nom d'une prétendue modernité, certains veulent changer les traditions de peuples ancestraux.

Les gardiens de la tradition ne sont pas de vieilles grand-mères dépassées, tu sais ! (Rires.)

— Je n'ai jamais prétendu ça, mamie, et je ne me le permettrai pas. Dis-moi, quel est alors le bon équilibre entre traditions et modernité selon toi ?

— Il faut faire évoluer nos mœurs sans perdre de vue qui nous sommes. L'identité, c'est la boussole de la vie. Je pense qu'il revient à chacun de trouver l'équilibre intérieur qui lui permettra de vivre en harmonie dans son environnement. On ne peut pas nous demander de tous marcher à la même cadence et de dire ou penser exactement les mêmes choses. On finirait comme des clones sans repères. Il ne faut pas globaliser nos comportements tout comme on a globalisé les échanges commerciaux ! Je ne crois pas en une mondialisation heureuse des mœurs sur cette planète ! Face à une modernisation forcée, il faut craindre les réactions violentes. Ne brûlons pas les étapes. À bien des égards, la Tunisie est à l'avant-garde du monde arabo-musulman, notamment en matière de droit des femmes. Méfions-nous toujours d'un éventuel retour de bâton.

— Qu'est-ce que tu entends par « retour de bâton » ?

— Je garde à l'esprit l'exemple iranien à l'époque du Shah. Les Iraniennes disposaient d'un rôle social inédit. Et tout bascula rapidement dans l'obscurité la plus totale avec Khomeiny. Elles ont perdu tous leurs droits. Le mouvement de balancier a été terrible. La modernisation forcée du pays a facilité la révolution des ayatollahs. C'est pour ça que je dis qu'il faut injecter les réformes d'amélioration à petites doses. Le régime autoritaire de Mohammad Reza Pahlavi s'y est pris de manière brutale, avec le soutien de l'Amérique. Il a creusé pour ainsi dire sa propre tombe.

— C'est vrai qu'en voulant occidentaliser à marche rapide son pays, il l'a brusqué et jeté dans les bras des intégristes.

— Et je vais aller plus loin, Sonia : quand je dis que c'est dangereux, je fais référence à ceux qui croient agir au nom de la modernité ou, pire, au nom d'une certaine idée du bien. En voulant imposer leur modèle démocratique au Moyen-Orient, les États-Unis ont contribué à déstabiliser le monde. C'était le projet du Grand Moyen-Orient ou la doctrine Bush. Une humiliation pour les habitants. Au lieu d'insuffler un véritable espoir au monde arabe, ils l'ont mis à genoux. On n'injecte pas la démocratie avec des bombes et des missiles. Nul ne peut dicter ses solutions sous prétexte qu'il les croit meilleures et supérieures. »

Delenda évoque un problème éternel. Comment favoriser la démocratie sans l'imposer ? Peut-on exporter un modèle politique ? Cela suppose, déjà, que le modèle que nous souhaitons voir s'étendre soit parfait. Or, il y a plusieurs formes de démocraties, plus ou moins développées. Laquelle, précisément, faut-il importer ? La démocratie ne se résume pas seulement en la tenue d'élections libres et compétitives. C'est aussi, et surtout, un système de valeurs. Faut-il, dans ce cas, chercher à le propager ? Y a-t-il un universalisme démocratique ? Installer une démocratie et libérer des peuples asservis est une intention fort louable au premier abord. Seulement, elle cache souvent de sombres desseins. Comme ce fut le cas avec le projet du Grand Moyen-Orient de Bush et des néo-conservateurs de Washington dont parle ma grand-mère. Derrière la mission que s'était fixée l'administration américaine de l'époque, il n'y avait pas grand-chose de moral en réalité. Malgré cela, ils ont réussi à faire croire à de nombreux pays alliés qu'il était légitime, et même raisonnable, de tenter d'installer la démocratie par la guerre. Quand on y pense aujourd'hui, quelle idée folle ! Croire qu'il y aurait un devoir presque messianique d'imposer à d'autres peuples un modèle clé en main ! Je ne dis pas que ce modèle n'est pas le bon, j'écris simplement qu'il n'est pas transposable en l'état. J'aime beaucoup cette phrase signée Winston Churchill : *La démocratie est le pire des systèmes, à l'exclusion de tous les autres.*

Les États-Unis ont voulu imposer ce système. Leur mission « civilisatrice » a clairement échoué. Nul ne peut le contester au Moyen-Orient. Cela n'empêche pas les peuples d'espérer un idéal de liberté et de démocratie. C'est un long processus qui se construit. Encore une fois, regardons ce qui se passe en Tunisie. Le pays se débat pour réussir sa transition démocratique, véritable défi. La Tunisie peut réussir à trouver un équilibre unique dans le monde arabe, entre islam et démocratie.

« Sonia, arrête de réfléchir et réponds à cette question précise : Pourquoi, à ton avis, le monde arabe ne s'est-il pas converti à la démocratie ?

— Ok mamie et je peux te rendre ma copie dans quatre heures ? (Rires.) Ce n'est pas un sujet facile ! Tu me demandes quasiment une thèse en philosophie politique.

— Je sollicite ton avis, c'est tout. Pas besoin de jouer au professeur avec moi.

— D'accord... Il existe d'abord une réalité : le monde arabe est fâché avec la démocratie, même si on ne peut pas parler d'un bloc homogène en tant que tel. Il y a bien sûr une diversité et une complexité du monde arabe dont il faut tenir compte. Toutefois, le nombre de régimes autoritaires fait indéniablement de cet ensemble une exception aujourd'hui. J'entends souvent que la culture arabe est une culture de soumission à la domination. Qu'il y aurait une forme d'autoritarisme héréditaire et séculaire auquel les peuples arabes se conforment sans rechigner.

— Quoi ? Ça voudrait dire que c'est en nous ? Que c'est culturel ?

— Je ne veux pas entrer, mamie, dans tous ses détails. Comme toi, de tels propos me choquent. Je préfère plutôt te parler de ce que je ressens plus personnellement. Le vrai débat pose la question de l'islam et de la démocratie. Peut-on concilier le libre arbitre et la liberté d'expression avec la religion ? Je le crois profondément. À la condition de ne pas avoir une vision figée de l'islam. C'est une grande religion, datant du VIIe siècle ! Il est donc vain et périlleux de lire des textes de cette époque en voulant les transposer à la période actuelle.

« Il n'est pas possible de trouver des solutions contemporaines du XXIe siècle en puisant dans des versets du Coran écrits quatorze siècles plus tôt. Une remarque d'ailleurs valable pour toutes les religions. Notre vie ne peut se voir régentée par des écrits d'un autre temps. Le Coran ne doit pas être appréhendé comme une sorte de guide de la gouvernance actuelle. Partant de ce principe, l'islam ne constitue pas, dans le monde arabe, un obstacle sur la voie de la démocratie.

« Tout dépendra aussi de la manière dont ces pays traitent les minorités. Si les minorités religieuses restent persécutées et contraintes à l'exil, comme c'est le cas aujourd'hui, alors il n'y aura aucune voie possible vers la démocratie. Cette condition est non négociable.

« Accepter le pluralisme religieux et politique constitue une étape indispensable de la marche vers le progrès. »

— Tes propos m'inspirent une comparaison, Sonia. Entre l'islam et la démocratie, c'est une greffe. On va apporter l'implant démocratie et voir s'il sera rejeté ou pas. La condition pour qu'il ne le soit pas est d'accepter une lecture actuelle du Coran. Ça rejoint ce que je te disais sur les traditions et la modernité : on peut parfaitement conserver nos us et coutumes en les adaptant à l'époque. Nous devons transmettre un héritage culturel qui sera façonné par les générations futures. Voilà pourquoi tu peux parfaitement porter une *fouta et blousa* qui renvoie à nos traditions tout en symbolisant la modernité ! Comme ta grand-mère ou Lady Gaga ! (Rires.)

— Quel raccourci, mamie ! Mais tu n'as pas tort. Les traditions font partie de l'héritage identitaire d'un pays. Il convient de les préserver et marier avec la modernité dans le monde arabe. En parlant de mariage, tu es vraiment superbe ce soir. Je te laisse te préparer. Amuse-toi bien. Oublie un peu les traditions ! (Rires.) »

Chapitre 16

L'INDIGNATION POUR TOUS

Depuis quelques jours, les nouvelles les plus sombres viennent d'Alep. Cette deuxième ville syrienne est le théâtre d'une guerre sans merci entre l'armée de Bachar el-Assad et ce que l'on appelle la rébellion. En ce 12 décembre 2016 au soir, les témoignages en provenance de la partie est de la ville font état d'une offensive finale, appuyée par l'aviation russe. Sur les réseaux sociaux, c'est l'effervescence. Le mot-dièse Alep (#Alep) figure parmi les premières « tendances » dans le monde sur Twitter. L'heure est à l'indignation pour tous. Chacun se doit d'exprimer son horreur et sa solidarité avec les civils de cette ville martyre. Personnellement, je n'y arrive pas. Entendons-nous bien, je suis bouleversée et choquée par les images qui nous parviennent. Bombarder des hôpitaux, viser la population, l'affamer… ce sont des crimes de guerre. Seulement, je ne veux pas participer à un cirque médiatique et public. Je ne remets pas en cause la sincérité de celles et ceux qui expriment sur Twitter leur profond dégoût de la situation syrienne, je dis simplement qu'il ne faut pas tomber dans le piège de l'indignation automatique. S'indigner pour le montrer est une maladie contemporaine qui s'affiche de manière obscène sur les réseaux sociaux.

Journalistes, philosophes et responsables politiques se sentent désormais obligés de réagir pour réagir. L'indignation est la seule arme qui reste quand la diplomatie a échoué. Elle est devenue l'expression des faibles. Car le problème est bien là : Alep est le théâtre des trahisons et compromissions de notre politique internationale. Ceux qui ont failli sont les premiers à s'indigner. C'est le monde à l'envers ! Tandis qu'ils sont au pouvoir, les voilà qui étalent cyniquement leur impuissance.

Je crois que cette indignation, si elle est compréhensible, quelquefois utile, ne remplace en aucun cas une vision. Dire que Bachar el-Assad doit partir n'a jamais constitué une politique en soi. Ou alors, on se donne les moyens de son départ, autrement dit on anticipe l'après-Assad et on assume de parachuter quelqu'un à sa place. Encore faudrait-il ne pas répéter les erreurs du passé. De l'Irak, en passant par la Libye, l'Occident a semé les graines du chaos actuel.

Pour les citoyens, c'est une autre affaire. S'indigner relève d'une réaction affective et incontrôlée. Fort heureusement, cette capacité à ne pas accepter le terrible cours des choses est intacte. Veillons à ce que cette réaction le reste. Depuis le célèbre essai de Stéphane Hessel *Indignez-vous !*, les indignés investissent désormais tous les domaines, politiques, économiques, sociaux, faits divers, etc. Le risque de diluer ce sentiment profond est réel.

Je suis sûre que, de l'autre côté de la Méditerranée, Delenda suit les événements de près. Il est environ minuit quand je décide de l'appeler. Pour ne pas réveiller le reste de la famille, nous avons mis en place un « code secret ». Si elle veut me joindre, ma grand-mère fait sonner une seule fois le téléphone portable, puis raccroche. Et vice-versa si je souhaite lui parler. Après une brève sonnerie, Delenda me contacte comme prévu. Elle se trouve dans sa chambre, au fond de son lit et regarde France 24, chaîne devenue sa référence dans le traitement de l'actualité internationale tant ma grand-mère ne fait plus confiance à Al Jazeera. Comme beaucoup, elle a été déçue par leur parti pris durant les « Printemps arabes ». Al-Jazeera tout comme Al-Arabiya, créées par les familles royales qataries et saoudiennes, ont perdu un grand nombre de téléspectateurs du fait de leur couverture partiale des événements ces dernières années, télévisions désormais ombres de leurs commanditaires politiques.

Ma grand-mère m'interpelle sur la situation syrienne :

« Explique-moi, Sonia, je ne comprends pas ! Depuis plusieurs jours, toutes vos émissions, vos débats sont consacrés à Alep. Ce qui se passe là-bas est bien sûr insupportable. J'en ai les larmes aux yeux lorsque je vois ces enfants, femmes et hommes, couverts de poussière, ensanglantés. Cette ville, que j'ai autrefois visitée, est devenue un champ de ruines. C'était une cité magnifique sur la route de la soie. Elle symbolisait le berceau d'une très longue histoire. Entre la Méditerranée et la Mésopotamie, Alep représentait un pôle commercial attractif. Je me souviens très bien de notre séjour, du vivant de ton grand-père. J'avais été frappée par les contrastes en cette ville. À l'ouest, on trouvait de riches bourgeois bien installés dans leurs confortables villas, tandis qu'à l'est s'entassaient des populations rurales pauvres mises à l'écart. L'autre contraste était religieux et ethnique. Dans une même ville, il y avait une majorité d'Arabes sunnites et de puissantes minorités kurdes et chrétiennes – Alep constituait une exception dans le monde arabe. Sans oublier son patrimoine architectural à couper le souffle. Nous étions allés visiter la fameuse citadelle dont il ne reste plus grand-chose aujourd'hui. Une forteresse médiévale qui surplombe la cité. Je crois que c'est l'un des plus vieux monuments au monde. Tout ça pour te dire, ma petite-fille, que la situation à Alep est bel et bien un drame sur le plan humanitaire et symbolique. Mais je ne comprends pas votre partialité, à vous les journalistes, sur la situation globale en Syrie !

— Comment ça, partialité ? Quel procès tu nous fais là !

— J'assume parfaitement ce que je dis : les médias sont en perdition. Continuez comme ça et plus personne ne vous fera confiance. Je suis choquée par votre traitement de l'information. Alep représente un drame absolu. Tout comme ce qui se passe à Mossoul en Irak ou Raqqa, l'autre ville syrienne, mais dont vous ne parlez pas. Pourtant, les djihadistes de l'État islamique font subir des traitements atroces aux civils. Pourquoi n'êtes-vous pas aussi vigilants et indignés que pour Alep ? Pourquoi ? Tu crois vraiment que la bataille menée à Mossoul est une bataille "propre" avec des frappes chirurgicales ? Avouez que vous n'en savez rien ! Vous n'êtes pas sur place ! Votre rôle n'est pas de nous donner des leçons de morale, votre mission consiste à nous informer. La responsabilité des journalistes est grande, je respecte ce métier, seulement il faut qu'il retrouve ses lettres de noblesse. Réveillez-vous ! Que dire des autres terrains de conflits ? Pourquoi ne pas évoquer la situation terrible au Yémen ? C'est une guerre oubliée. »

Delenda n'y va pas par quatre chemins. Son procès en partialité est sévère, car j'ai toujours essayé de mener les débats de la manière la plus objective possible. Toutefois, elle a raison sur un fait : la guerre en Syrie est révélatrice de nos faiblesses. Les journalistes les plus aguerris et courageux ne peuvent se rendre sur place, compte tenu de la dangerosité de la situation. Nous sommes donc condamnés à traiter une information de seconde main. Ces données viennent de différents groupes appelés communément les rebelles. Nous prenons ainsi le risque d'être le canal de transmission de leurs volontés et intérêts contradictoires. Des informations erronées émanant des deux camps marquent la fin de la bataille d'Alep.

Cela me rappelle l'Irak et la désinformation sur les armes de destruction massive de Saddam Hussein. Bien sûr, c'était un dictateur. Seulement, il ne disposait pas de ces armes. Quelles leçons avons-nous, tous, retenues de cet épisode ? Pas grand-chose, malheureusement.

Nous avons tendance à décrire le monde tel que nous voulons le voir et non pas tel qu'il est. Je me souviens qu'à l'époque des journalistes du *New York Times* avaient tenté d'émettre quelques doutes à ce sujet. Leur questionnement a très vite été balayé par un torrent d'insultes et de critiques. Au nom d'une pensée unique affirmant que Saddam Hussein détenait ces armes et qu'il représentait un danger pour toute l'humanité.

Les journalistes sont des citoyens comme les autres. Ils ont le droit de s'indigner. Seulement, ils ont aussi et surtout le devoir d'être sceptiques, de remettre en cause, de questionner. Y compris lorsqu'il s'agit d'un dictateur comme Bachar el-Assad. Plus tard, peut-être connaîtrons-nous la réalité du déroulement des événements à Alep. Il y a eu des exactions, des bombardements de civils par l'armée du régime. Et dans l'autre camp ? Que s'est-il passé dans ce magma hétéroclite mêlant Al-Qaïda, Al-Nosra et quelques rebelles dits « modérés » ?

Pourquoi les médias saoudiens et qataris soutiennent-ils cette rébellion ? Faut-il rappeler qu'en 2012, lorsque Hillary Clinton avait placé sur la liste des organisations terroristes le Front Al-Nosra, la secrétaire d'État avait provoqué de vives contestations des pétromonarchies du Golfe qui voyaient en lui l'avenir de la Syrie ?

Les Syriens, qui se battent pour leur liberté, méritent mieux. Nous n'avons pas à leur imposer le choix entre la peste ou le choléra. Éjecter Bachar el-Assad pour y placer le Front Al-Nosra ? Cessons de créer des « Frankenstein » au Moyen-Orient. Beaucoup de nos responsables politiques ou de nos éminents philosophes médiatiques croient encore pouvoir décider de l'avenir de ces populations. Au nom de quoi ? Le droit ou devoir d'ingérence humanitaire a vécu. Tout comme la « responsabilité de protéger » invoquée en Libye. Réagir pour sauver un peuple est l'attitude la plus humaine qui soit. Encore faut-il imaginer et construire la suite afin de ne pas semer les graines du chaos. Mettre en avant le slogan « France-patrie-des-droits-de-l'homme » ne suffit plus. Sans compter que toutes ces réactions morales ont toujours un temps de retard. Le meilleur exemple reste celui de la Tunisie.

Tandis que personne ne s'y attendait, les Tunisiens ont pris leur destin en main. Quelques jours avant la révolution, l'ambassadeur de France à Tunis de l'époque indiquait qu'il n'y avait rien de particulier à signaler dans le pays. Circulez, tout va bien ici, y a rien à voir. Voilà qui en dit long sur l'aveuglement de l'Occident.

Delenda a abordé un autre sujet qui me tient à cœur : l'indignation sélective. Pourquoi ne pas davantage parler de ce qui se passe par exemple au Yémen ? Je tiens à lui répondre.

« Mamie, quand on bombarde une population civile c'est un crime de guerre. Que ce soit en Syrie, au Yémen ou ailleurs. Il n'y a pas de bons ou de mauvais criminels de guerre, il y a des criminels de guerre, un point c'est tout. On ne peut pas opposer les conflits et encore moins choisir entre les victimes. Critiquer ce qui arrive en Syrie ne doit pas nous faire oublier les bavures et autres crimes ailleurs, notamment au Yémen.

— Et pourtant, c'est exactement ce qui se produit. As-tu vu sur les réseaux sociaux (là où tu passes beaucoup de temps), le mot-dièse Yémen ? Parle-t-on de l'action de l'Arabie saoudite ? Non ! C'est une guerre silencieuse qui fait rage. Tout le monde se fiche des rebelles houthistes au Yémen. Pour atteindre leur cible, la coalition menée par l'Arabie saoudite bombarde des zones d'habitation.

« La crise humanitaire est effrayante. Seulement, Sonia, et tu le sais mieux que moi, on ne veut pas réprimander notre allié saoudien. Quel grand bal des hypocrites ! Sais-tu qui a fourni les armes ? L'Amérique ! Alors pourquoi ne parle-t-on pas de crimes de guerre et de complicité dans ce cas-là ? Tu comprends ma position ? Je ne dis pas qu'il ne faut pas s'indigner de ce qui se déroule à Alep, je constate simplement que tous les donneurs de leçons s'indignent quand ça correspond à leur vision du monde. »

Delenda a une nouvelle fois raison. Pour être crédible, ne tombons pas dans le piège de l'indignation automatique et sélective. On ne doit pas faire de distinction entre les bombardements, choisir qui sont les méchants et les gentils.

Plus que jamais, notre métier de journaliste doit s'attacher à l'essentiel, les faits et seulement les faits. L'oublier, c'est prendre le risque de s'éloigner de notre mission première : Informer.

Quant à l'Europe, et plus singulièrement la France, un diagnostic réaliste s'impose. Il est illusoire de croire que nous avons encore les moyens de peser sur des conflits aussi complexes que ceux du Moyen-Orient. Ce temps-là est révolu, surtout lorsqu'un pouvoir est affaibli. Il est temps de l'assumer. Quelle est notre politique étrangère dans cette région ? Je ne saurais la définir. Face à la fracture entre sunnites et chiites, devant le morcellement de pays comme l'Irak ou la Syrie, l'Europe est totalement dépassée et tétanisée. De l'autre côté de l'Atlantique, les États-Unis de

Trump devraient accentuer la politique de désengagement initiée par Barack Obama. C'est la fin de l'ère de l'interventionnisme à tout-va. Toutefois, la nature ayant horreur du vide, la Russie a d'ores et déjà placé ses pions sur l'échiquier moyen-oriental. Dans cette zone sous tension, Vladimir Poutine marche sur des ruines. Plus que jamais, le Kremlin joue un rôle de premier plan. Moscou n'a pas eu beaucoup de mal à damner le pion aux puissances occidentales. L'Amérique et l'Europe, par leurs faiblesses et leurs tergiversations, ont laissé la voie libre au joueur d'échecs russe. Poutine a réussi à inscrire le désenclavement de la Russie au-delà de l'espace post-soviétique. N'oublions pas non plus le rôle crucial de l'Iran. La Syrie est devenue un protectorat russo-iranien.

On peut s'en indigner, courir les plateaux de télévision pour dénoncer le rêve expansionniste de Poutine et la mainmise de l'Iran, c'est un fait aujourd'hui.

Cela montre, une fois de plus, que l'indignation est souvent le prolongement de l'impuissance.

Chapitre 17

MAGHREB RACISME ANTI-NOIRS

C'est un dimanche ensoleillé à Paris. À l'inverse, la météo est beaucoup moins clémente dans le Sud. Des intempéries avec fortes pluies et chutes de grêles sont prévues, en particulier sur le bassin méditerranéen et la Tunisie. J'entreprends d'appeler Delenda pour la prévenir de rester tranquillement à la maison, compte tenu de la tempête annoncée. Connaissant sa phobie des orages, c'est plus prudent. Au bout de quelques secondes, une voix que je ne reconnais pas me répond au téléphone. Je suis d'autant plus surprise, qu'il s'agit de celle, grave, d'un homme. Inquiète, je le somme de se présenter et de me dire où est ma grand-mère. Sa réponse accentue mon angoisse. Il est commissaire de police et Delenda se trouve assise en face de lui. Je n'arrive pas en croire mes oreilles. Ma grand-mère arrêtée par les policiers, à son âge ! Qu'est-il arrivé ? Je demande au commissaire de pouvoir parler à Delenda.

« Ah, Sonia, tu tombes bien ma petite-fille. Appelle tout de suite l'une de tes tantes pour les prévenir de la situation. C'est assez urgent…

— Les prévenir de quoi ? Qu'est-ce que tu as fait ? Je rêve !

— Ne t'inquiète pas, je t'expliquerai… »

Je m'exécute et avertis l'une de mes tantes, qui se met aussitôt en route vers le commissariat du Kram, non loin de la maison de La Goulette.

Impatiente d'en savoir plus, je rappelle Delenda.

« Est-ce que tout va bien ? Tu as eu un accident ?

— Pas vraiment.

— Veux-tu me dire de quoi il s'agit à la fin ?

— Je viens de tout raconter à monsieur le commissaire. Il a compris et va me laisser partir. Ne t'inquiète pas. Je n'ai pas à faire de déposition.

— Mamie, dis-moi ce qui s'est passé !

— J'étais en route pour aller acheter une pizza. Je n'avais pas envie de cuisiner ce dimanche. Parfois, c'est plus simple de se retrouver autour d'une bonne pizza en famille…

— Veux-tu en venir au sujet, s'il te plaît !

— D'accord, d'accord. J'étais donc en train d'attendre mon tour à la pizzeria lorsque je vois un groupe de jeunes se chamaillant tout près de ma voiture dans le parking en face. Au début, je n'ai pas vraiment prêté attention à la scène. Ce sont des gamins qui avaient l'air de s'amuser bruyamment.

Au bout de quelques minutes, l'un d'eux appelle au secours. Je me précipite alors pour voir.

— Et ?

— C'était une bande de cinq ou six jeunes qui embêtaient un autre gamin.

— Je suppose que tu as appelé le gardien du parking ou le propriétaire de la pizza pour venir les séparer.

— Pas vraiment… tout allait si vite. J'ai décidé de les raisonner moi-même.

— Je rêve ! Les raisonner toute seule ?

— Laisse-moi t'expliquer, Sonia. Ce sont des enfants. Ce n'était pas une bagarre comme une autre. Le jeune garçon cible de leurs moqueries était de couleur noire. Il a été pris à partie. Je voulais leur expliquer que ce n'était pas bien de réagir ainsi. Je me suis dit qu'une grand-mère incarnait la voix de la sagesse face à des gamins ignorants plus que méchants.

— Que leur as-tu dit ?

— Je leur ai d'abord demandé pourquoi ils faisaient ça ? Pourquoi embêter ainsi ce jeune garçon ? Ils ont cherché à se dédouaner en me jurant qu'ils ne comptaient pas lui faire de mal, seulement le taquiner un peu, que c'était normal entre eux. Lui, à l'inverse, paraissait terrorisé. Je leur ai expliqué qu'il n'y avait aucune différence entre ce garçon âgé tout au plus d'une douzaine d'années et eux. Ils m'ont répondu que j'étais aveugle, il était noir, donc différent par sa couleur de peau. Notre conversation, vite houleuse, a duré une vingtaine de minutes. Inquiet, le gardien du parking a appelé la police, voilà pourquoi nous nous sommes tous retrouvés au poste. Y compris ta grand-mère ! C'est ce que je suis en train d'expliquer tranquillement à monsieur le commissaire.

— Je comprends, mamie. Que va-t-il se passer maintenant ?

— Ce sont des enfants. Ils ne mesurent pas la portée de leurs paroles et de leurs actes. On leur a fait la leçon et on a prévenu leurs parents. J'espère qu'ils vont les punir. Quant à moi, je suis restée discuter au commissariat de ce fléau. C'est la raison de ma présence ici, jusqu'à maintenant. »

Delenda s'est trouvée confrontée à une question encore taboue en Tunisie, et plus largement au Maghreb, le racisme anti-Noir. Ces enfants, qu'elle a tenté de raisonner, ont très probablement reproduit les schémas de pensées de leurs parents. Un racisme ordinaire et latent qui gangrène les pays de la région et ne se matérialise pas forcément à travers des actes tangibles. Souvent, c'est une forme de mépris diffus dans la société. Le problème est d'autant plus complexe que les Noirs au Maghreb ne font pas beaucoup état de ce qu'ils subissent. Craignant d'être davantage rejetés, ils se taisent. Fort heureusement, des associations portent haut et fort leur combat aujourd'hui. L'an dernier, une vaste campagne de sensibilisation a été mise en place en Tunisie, au Maroc, en Algérie et en

Mauritanie. De nombreuses vidéos, largement diffusées sur le web, ont mis en avant des scènes de racisme ordinaire afin de mieux les dénoncer. Delenda a eu mille fois raison de réagir. Seulement, je redoute que son message soit aussitôt oublié. C'est ce que j'essaye de lui expliquer.

« Ta réaction est humaine, mamie. Toutefois, je crains qu'elle n'ait pas servi à grand-chose.

— Pourquoi tu dis ça ?

— Tu l'as expliqué toi-même. Ces gamins ont sûrement répété des phrases qu'ils ont entendues chez eux ou chez leurs camarades de classe. Il y a des mentalités à combattre aujourd'hui. Cela doit passer par une prise de conscience collective et politique. Est-ce que tu as vu beaucoup de Noirs dans les plus hautes sphères du pouvoir politique ou économique ? Non. Le problème concerne toutes les strates de la société.

— Et ça remonte à loin. J'ai honte de le dire mais je sais que beaucoup restent encore marqués par le passé…

— Tu veux dire par une mentalité esclavagiste. Il faut oser les mots, mamie. Tout nommer pour arriver à lutter contre les préjugés. C'est quand même incroyable : les Maghrébins – qui pour certains, dénoncent le racisme à leur égard en Europe – le font subir dans leurs pays d'origine ! C'est pour ça que je dis que nous n'avons aucune leçon à donner sur les migrants. Il est vrai que la Tunisie en a accueilli un grand nombre en provenance de Libye. Maintenant, il faut tous les traiter de manière égale. Les réfugiés somaliens, soudanais, érythréens et tchadiens se plaignent régulièrement de discriminations et d'une forme d'apartheid. Les migrants noirs subsahariens doivent être traités de la même manière que les autres ! La situation est aussi tendue au Maroc. L'Europe a confié au royaume la délicate mission de gérer les flux migratoires subsahariens. Là aussi, les violences et insultes se multiplient. Les réfugiés sont la catégorie la plus touchée. Le sujet est encore tabou, difficile d'en parler. Je te le dis à toi, mamie, mais si de tels propos sont tenus devant une assemblée plus large, on me renverra automatiquement à la figure l'argument de la donneuse de leçons tranquillement installée en France. Ce n'est pas faux. Seulement, on doit réagir ! Le racisme anti-Noir se nourrit d'ignorance et de préjugés. Il faut briser cette chaîne.

— Je sais, ma petite-fille. Je crois néanmoins que la Tunisie est décidée à agir. Et, comme d'habitude, elle sera à la pointe des combats à mener. Il y a eu récemment un élément déclencheur, l'agression de trois étudiants congolais qui a suscité un vif émoi. Le Premier ministre a exigé le vote en priorité d'une loi criminalisant le racisme. Une fois qu'elle sera en place, il faudra faire évoluer les mentalités. Le plus dur reste à faire, mais je suis confiante.

— Pourquoi es-tu confiante ? Tu es assise dans un commissariat à cause de ce fléau et tu restes optimiste ?

— Oui, ma petite-fille. Sais-tu que la Tunisie a aboli l'esclavage avant la France ?

— Ah bon ?

— C'était en janvier 1846, soit exactement deux ans avant la France. Un vent de progressisme et de modernité soufflait déjà sur notre petit pays au XIXe siècle. Nous en sommes les héritiers. Et en particulier la jeunesse en laquelle je crois malgré tous les problèmes que nous connaissons.

— Pour revenir aux enfants que tu as sermonnés tout à l'heure, je crois que la clé reste l'éducation. Je l'ai appris à mes dépens, il y a quelques années. Laisse-moi te raconter rapidement une anecdote. Tu te souviens que j'étais demi-pensionnaire à l'école des bonnes sœurs de Jeanne-d'Arc à Tunis. Un jour, la directrice a appelé ma mère pour la prévenir que j'étais malade et qu'il fallait venir me chercher rapidement. Ne pouvant arriver si vite, ma mère a demandé à une autre personne de me récupérer. C'est un commerçant du quartier qui est venu. Je devais avoir sept ans. Je le connaissais très bien. Il se faisait surnommer Ambre en référence à la couleur de sa peau. J'adorais son sourire généreux et sa façon de m'appeler princesse lorsqu'il m'arrivait de le croiser devant son garage, après l'école. Dans la cour, en le voyant, j'ai pourtant fait semblant de ne pas le reconnaître. Je savais pertinemment qu'il était venu me chercher, seulement, je ne voulais pas que les autres enfants croient qu'il était mon père. Je sais que c'est à la fois ridicule et honteux. Et je te jure, mamie, que je ne me le suis jamais pardonné. Mes parents m'ont grondée et punie. Je me sentais mal. Je ne voulais plus sortir de ma chambre. Jusqu'à aujourd'hui, lorsque j'en parle, j'en ai les larmes aux yeux. Plusieurs années plus tard, adolescente, quand je suis retournée le voir pour lui parler de cet épisode, il a fait comme s'il ne s'en souvenait pas. Son élégance tranchait avec la bêtise d'une petite fille qui n'avait pas compris la portée de son geste.

— L'important c'est ta prise de conscience à cet âge-là, Sonia. Je vais devoir raccrocher maintenant. Ta tante vient d'arriver au commissariat. Je vais tout lui expliquer et aller me reposer. J'ai eu trop d'émotions aujourd'hui à cause d'une pizza ! (Rires.)

— Je t'embrasse. Je vais me méfier de toi désormais, tu es une vraie dure, tu finis dans les commissariats de police ! Attention à mamie la menace ! (Rires.) »

Delenda est rentrée chez elle. Cet incident m'a davantage fait prendre conscience de l'enracinement du racisme dans les sociétés maghrébines. Un long travail nous attend. Si nous ne voulons pas être victimes de ce mal ailleurs, il ne faut pas en être les bourreaux chez nous.

Chapitre 18

Où sont les visionnaires ?

C'est un retournement de situation inédit. Quelques semaines avant la fin de son mandat, Barack Obama a infligé un camouflet à Israël. Les États-Unis ont créé la surprise en s'abstenant, lors du vote à l'ONU d'un texte exhortant « à stopper immédiatement et complètement toute activité de colonisation en territoire palestinien occupé, dont Jérusalem-Est », permettant à la résolution d'être adoptée. En résumé, l'Amérique a laissé faire. Le Premier ministre Benyamin Netanyahou, fou de rage, a dit à la télévision tout son mépris à l'égard de l'administration sortante de Barack Obama. Celle-là même qui lui a pourtant octroyé une aide militaire sans précédent, étalée sur une dizaine d'années. Le chef du gouvernement israélien n'en a cure : il tire à boulets rouges sur son allié de toujours, en attendant l'investiture de Donald Trump qui, espère-t-il, va limiter les effets de cette résolution 2334. L'ambassadrice des États-Unis à l'ONU, Samantha Power a justifié la décision américaine en affirmant qu'il était impossible d'œuvrer à une solution de deux États, tout en poursuivant la colonisation. Pour la première fois, Barack Obama n'a pas mis son veto, prenant les observateurs américains et israéliens à contre-pied. Sur le fond, tout le monde sait que cela ne changera rien à la réalité du terrain. Toutefois, d'un point de vue diplomatique, cette résolution offre une victoire inespérée à l'Autorité palestinienne qui n'a plus d'autorité que le nom. Quoi qu'il en soit, la mise en garde américaine intrigue Delenda. Elle m'appelle pour évoquer ce sujet.

« C'est incroyable ce qui s'est passé, Sonia ! J'ai suivi le feuilleton autour de cette résolution à l'ONU, Obama a lâché Israël. Il a voulu laisser un héritage empoisonné à Trump. C'est une vraie guerre diplomatique !

— Je ne vois pas tellement l'intérêt de faire ça en fin de mandat ! Le plus important en politique, et singulièrement internationale, est d'avoir une vision et une ligne cohérente. Peux-tu me dire quelles étaient celles de Barack Obama sur cet éternel dossier israélo-palestinien ? Je ne les connais pas ! Il a oscillé entre fatalisme, défaitisme et laisser-faire. Il a fait semblant d'être un médiateur alors qu'il n'a été, durant ses deux mandats, qu'un lointain observateur.

— Oulala, ma petite-fille. Je te trouve injuste avec lui ! Tu vas voir ce que ça va donner avec le fou de Trump !

— Ce que je reproche à Obama, mamie, c'est d'avoir suscité beaucoup d'espoirs. Qui, aujourd'hui, sont des espoirs déçus. J'ai vraiment cru que ce président pouvait être un solide intermédiaire dans ce dossier. Il l'a laissé penser. En réalité, il n'a jamais voulu ni su imposer quoi que ce soit à aucune des deux parties. Comment arrive-t-on à un équilibre sans concessions de part et d'autre ? Il a masqué sa résignation sous le masque du président sympa, cool et proche des gens. Toi aussi, tu t'es laissée avoir ! La paix n'a jamais été sa priorité. C'est la triste réalité. Je lui en veux car, à son poste, il était l'homme le plus puissant du monde et, donc, le seul à pouvoir agir. Il est vrai toutefois qu'il a permis l'accord sur le nucléaire iranien. Il a pensé que ces négociations parviendraient à faire basculer le rapport de forces dans la région. Pour le moment, il n'en est rien. À mes yeux, Obama a mené une politique contre-productive au Proche-Orient !

— Je ne suis pas d'accord ! Des deux côtés, Barack Obama n'a pas trouvé les bons interlocuteurs pour construire la paix. Tu as dit toi-même que l'Autorité palestinienne est très affaiblie. Mahmoud Abbas ne représente plus grand-chose pour de nombreux Palestiniens. Et, de l'autre côté, Benyamin Netanyahou doit constamment donner des gages à une frange ultra-dure de son gouvernement. Face à cette situation, que pouvait faire Obama, honnêtement ? Je te rappelle qu'il a prononcé un superbe discours au Caire, en 2009. Il voulait donner de l'espoir à la jeunesse du monde arabe.

— Tu me fais rire là ! Ce ne sont que des mots ! Il a eu la possibilité d'entrer dans l'histoire, la vraie, la grande histoire. Il ne l'a pas fait. Il a joué petits bras.

La résolution qu'il a laissée passer est simplement un cadeau empoisonné à son successeur Donald Trump. Cela arrive trop tard, trop maladroitement. Il a braqué les Israéliens et les Palestiniens qui ne lui font plus confiance depuis longtemps.

— Décidément, on n'arrivera pas à se mettre d'accord sur ce sujet. Toutefois, je te rejoins sur un point, ma petite-fille. Tu as parlé tout à l'heure de vision. C'est précisément ce qui manque aujourd'hui. Où sont les grands visionnaires d'autrefois ? On aurait pu changer le cours de l'histoire si on avait écouté un leader comme Bourguiba ! En 1965, il a jeté un énorme pavé dans la mare. Je me souviens encore aujourd'hui de sa tournée au Moyen-Orient. En Jordanie, au sortir d'un camp de réfugiés à Jéricho, il a prononcé un discours qui a mis le feu au monde arabe. Il a appelé les peuples à s'armer de lucidité et à cesser de se bercer d'illusions. Je me rappelle parfaitement, encore aujourd'hui, un passage qui m'a marquée. Le voici : "Peu importe que la voie menant à l'objectif soit directe ou tortueuse. Le responsable de la bataille doit s'assurer du meilleur itinéraire conduisant au but. Parfois, l'exigence de la lutte impose contours et détours. Il est vrai que l'esprit s'accommode plus aisément de la ligne droite." En prononçant cette phrase, il voulait faire prendre conscience aux Arabes qu'il fallait user de la ruse et de stratagèmes pour arriver à leurs fins en diplomatie. Hélas, les peuples n'écoutent que ceux qui vont dans leur sens. Bourguiba s'est appuyé sur l'exemple tunisien pour développer son argumentaire ce jour-là. Il a rappelé que si la Tunisie avait rejeté, en 1954, l'autonomie interne comme solution de compromis, le pays serait resté sous domination française. Ses propos reposaient sur une vision. Il avait compris avant tout le monde que les Palestiniens devaient accepter sur cette terre de Palestine le foyer des juifs martyrisés en Europe. Une fois que ce principe était acquis, il était possible, par la suite, de négocier avec les Israéliens afin de parvenir à un accord de coexistence. Tu sais, Sonia, sur plusieurs sujets, et celui-ci en particulier, je lui trouve des points communs avec le général de Gaulle. Tu te souviens de ce qu'il disait sur le Proche-Orient ?

— Vers l'Orient compliqué, je volais avec des idées simples ! »

Delenda a raison de comparer les deux hommes. Ils ne se laissaient pas emporter par leurs émotions et les circonstances. J'aurais adoré être journaliste à cette époque-là et pouvoir assister à leur première rencontre, en 1961, au château de Rambouillet.

Un face-à-face crucial entre deux ego démesurés et deux grands hommes d'État. Malgré d'importantes divergences de vues et de nombreux malentendus, le général de Gaulle écrira plus tard, dans ses Mémoires : « J'ai devant moi un lutteur, un politique, un chef d'État, dont l'envergure et l'ambition dépassent la dimension de son pays. »

Où sont les visionnaires aujourd'hui ? Je reste convaincue que Barack Obama ne l'a pas été. Ma grand-mère, décidément très fan du président sortant, tient à me rappeler que le conflit israélo-palestinien est aussi et surtout le fruit des lâchetés arabes.

« C'est un peu trop facile de tout mettre sur le dos du président Obama et de l'Amérique. Et les pays arabes, alors ? Tu crois vraiment que les Palestiniens sont une priorité pour eux ? Beaucoup font semblant de pleurer sur leur sort mais ne bougent pas le petit doigt quand il s'agit de les aider. Certains régimes ont même surfé sur le mythe palestinien pour s'offrir une légitimité populaire. Il y a un paradoxe à voir la question palestinienne au cœur des débats nationaux et à constater que, concrètement, rien n'est fait. Il n'y a pas d'union arabe derrière la cause palestinienne. C'est de la poudre aux yeux. Les cas les plus emblématiques sont ceux de l'Égypte ou encore de la Syrie autrefois. Ce pays affirmait haut et fort son soutien plein et entier aux Palestiniens. Et que faisait-il en douce ? Il négociait avec les Israéliens le partage des zones frontalières. Un double langage. Dans de telles conditions, pourquoi en vouloir à Barack Obama ? En réalité, la cause palestinienne a servi et, dans le même temps, empoisonné le monde arabe tout entier. C'est ce qui explique en partie la radicalisation observée dans les territoires actuellement. On les a poussés au désespoir ! On les a bernés ! Nous sommes tous collectivement responsables de ce jeu de dupes.

— Tu vas loin dans tes propos !

— Attends, ma petite-fille, laisse-moi le temps de t'expliquer. Chacun a proposé sa solution, son projet pour sortir de l'impasse. Ainsi, l'Irak, la Jordanie ou l'Égypte n'avaient pas la même idée pour la Palestine. Tout ça a contribué à crisper les relations et à fracturer davantage un monde arabe déjà morcelé. Il y a toujours eu une logique d'affrontement sur le dossier israélo-palestinien. C'est pour ça que je dis que ce sujet a empoisonné toute la région. Sous couvert de solidarité avec les Palestiniens, certains ne pensaient qu'à leurs propres intérêts. C'est malheureux.

— Ton idée me rappelle une anecdote, du temps où j'enseignais en Tunisie. C'était la période des examens à la faculté. Nous étions chargés de surveiller les étudiants dans d'immenses amphithéâtres. Ce jour-là, deux autres professeurs m'épaulaient. Après avoir distribué les copies, nous sommes passés dans les couloirs pour vérifier l'identité de celles et ceux qui aspiraient à obtenir leur diplôme de master.

« Au fond de la salle, une jeune femme cachée derrière son voile me tend sa carte d'étudiant et sa pièce d'identité. La photo est abîmée, je n'arrive pas à la reconnaître et à faire le rapprochement entre les deux documents. Le règlement prévoit qu'elle doit se découvrir la tête le temps de passer l'examen. Je décide de lui faire confiance et poursuis mon chemin en la contournant. Ma collègue, plus âgée et plus expérimentée, me rattrape aussitôt et me demande si je suis sûre de son identité. Je lui dis la vérité, je ne sais pas. Elle décide alors d'exiger de l'étudiante d'ôter momentanément son voile pour une simple vérification. S'il s'avérait que nous avions fait preuve de négligence dans les contrôles, nous pourrions être nous-mêmes sanctionnés par l'administration de la faculté. Malgré ce risque, je fais part de ma désapprobation à ma collègue. J'estime que cela va inutilement créer un incident en plein examen. Ce fut le cas. La jeune femme refusa d'obéir et quitta précipitamment la salle en laissant une copie blanche. Quel gâchis ! Je ne me résous pas à cette situation et décide de la retrouver pour tenter de la raisonner. Après quelques minutes de recherche, je l'aperçois dans la cour, assise à même le trottoir.

« Je lui demande de retourner dans la salle pour passer son examen et espérer obtenir son diplôme. Ma collègue ne cherchait pas à l'humilier, simplement à vérifier son identité. Toute cette histoire était un malentendu. Pendant que je lui parle, l'étudiante me toise sans rien dire. Je n'ai pas encore fini ma phrase qu'elle se lève et prend la direction inverse, vers la sortie, en me lançant : "Je n'enlèverai jamais le voile, même quelques secondes, je suis solidaire, moi, des Palestiniens, contrairement à vous tous !"

« Je suis restée sonnée. Que venaient faire les Palestiniens dans cette histoire ? En quoi cette jeune fille voilée était-elle un soutien pour les Palestiniens et les Palestiniennes à des milliers de kilomètres de notre salle de classe à Tunis ? Le voile était-il un signe de ralliement ? »

Comme le dit Delenda, la cause palestinienne a été mêlée à toutes les sauces. Les Arabes ont échoué à aider les Palestiniens. Certains veulent faire croire aujourd'hui aux musulmans, et a fortiori à celles qui se voilent, qu'ils seront utiles à cette cause. Le jeu de dupes continue. Toujours sur le dos du peuple palestinien.

Chapitre 19

Un pape universel

Le pape François intrigue Delenda. Elle lit tous les articles le concernant. Ma grand-mère sait tout ou presque de son parcours depuis les bidonvilles de Buenos Aires. Et le pontife argentin lui inspire des sentiments contrastés.

« Je ne sais pas quoi penser de ce pape. Est-il un guide religieux ou une personnalité politique à la tête du Vatican ? Je trouve ses propos parfois ambigus. Il s'autorise à faire la leçon à certains pays. Qui est vraiment le jésuite Jorge Bergoglio ?

— Tu as donné la réponse, mamie !

— Comment ça ?

— C'est un jésuite.

— Et alors ? En quoi cela répond à ma question. Explique-toi, Sonia.

— C'est le premier pape jésuite à la tête de l'Église. Il y a eu des bénédictins, des dominicains, mais jamais, au grand jamais, de jésuite. Ils sont réputés pour avoir une forte personnalité. C'est le cas du pape François. Sans oublier leur formation, très solide. Je crois qu'il lui a fallu environ quinze années d'études pour devenir jésuite, tu te rends compte ?

— Pas très bien… En quoi ça consiste ?

— C'est un pasteur qui n'a pas peur de s'engager dans la vie politique et sociale. Contrairement aux autres prêtres, il a vécu dans les villes, il n'était pas enfermé dans un monastère. François est donc imprégné par la vie et les problèmes quotidiens des gens. Il est très porté sur les questions sociales. Le pape François a intégré tous les changements de ce monde, y compris les révolutions numériques. Il a une longueur d'avance sur les autres évêques. Contrairement à beaucoup d'entre eux, il est au contact de la réalité. Au cœur des préoccupations. C'est un homme de terrain et un vrai politique.

— Mais est-ce que c'est de la politique ou de la communication ?

— Il y a sûrement une part de communication, mamie, même une grande part. Il sait se mettre en scène. Toutefois, on ne peut pas le réduire à ça. Je me souviens qu'il y a un an, il a été critiqué pour avoir accueilli, après un déplacement sur l'île de Lesbos en Grèce, une douzaine de réfugiés syriens musulmans au Vatican. “Pourquoi n'a-t-il pas pensé aux chrétiens d'Orient”, a-t-on alors entendu dans le débat public. “C'est un mauvais signal” ont par ailleurs affirmé ceux qui craignent une arrivée massive de migrants. Depuis son compte Twitter, @Pontifex, François a justifié son action, expliquant que les réfugiés n'étaient pas des nombres, mais des personnes : "Ils sont des visages, des noms, et ils doivent être traités comme tels", a-t-il publié. Pour ma part, je trouve que ce geste, de portée symbolique, constitue une preuve d'humanité et d'ouverture. Même s'il ne faut pas le sur-interpréter. D'autant que, depuis ce séjour grec, le pape a un peu nuancé sa position. Après avoir sévèrement condamné les pays qui se barricadent et ferment leurs frontières aux migrants, il a dit finalement comprendre la prudence de certains gouvernements.

— Ses propos déclenchent régulièrement des polémiques. Que penses-tu de sa phrase sur la violence des catholiques ? »

Delenda fait référence à des propos tenus à l'occasion des Journées mondiales de la jeunesse en Pologne, à Cracovie. « Dans presque toutes les religions, il y a toujours un petit groupe de fondamentalistes. Nous en avons nous aussi », a dit le pape. Cette phrase a provoqué un tollé. En refusant, à juste raison, tout amalgame entre islam et terrorisme, François s'est aventuré à prendre pour exemple les catholiques qui pouvaient aussi, dit-il, être violents. Selon lui, dans toutes les religions, on trouve toujours un groupe extrémiste et fondamentaliste. Il n'en fallait pas plus pour que la presse mondiale se saisisse de la polémique. Sur le fond, le souverain pontife a raison. L'islam n'est pas l'islamisme. C'est ma conviction profonde. Toutefois, en cherchant à tout prix à ne pas blâmer les musulmans, il est tombé dans ce que l'on appelle désormais le « padamalgam ». Autrement dit, une forme de déni de la réalité. À mes yeux, la barbarie djihadiste s'est drapée dans notre religion. Il ne faut pas se mentir en affirmant que cela n'a rien à voir avec l'islam. Les djihadistes prétendent agir au nom de la religion. Je l'ai souvent dit au cours de mes conversations avec Delenda, c'est un islam dévoyé qui leur sert de prétexte pour tuer et terroriser. Le pape ne rend pas service aux musulmans en adoptant la politique de l'autruche. Au contraire. Le déni est une forme de double peine. Il favorise les terroristes tout en nous empêchant de mener un examen de conscience indispensable, dans le but de faire échouer cet islam dénaturé.

Ma grand-mère trouve que l'on fait trop de faux procès à ce pape. Elle n'a pas tort. Chacune des phrases pontificales est décortiquée et soupesée. Seulement, il a lui-même mis le doigt dans l'engrenage médiatique et politique. C'est ce que j'explique à Delenda.

« Je te le répète, mamie, c'est un jésuite, il est éminemment politique. Il connaît donc les règles du jeu médiatique. Une phrase peut-être déformée et revenir en boomerang vers son auteur. À partir du moment où il a investi, comme il l'a fait, le champ public, il doit en assumer toutes les conséquences.

— Il faut peut-être aussi que les journalistes arrêtent de lui chercher tout le temps la petite bête partout. Pourquoi ne pas reprendre davantage ses paroles sur le dialogue interreligieux plutôt que les propos qui font le buzz comme vous dites ? Parce que vous adorez le buzz !

— Tu es injuste, on reprend son idée. On a souvent parlé, y compris dans mes débats à la télévision ou à la radio, du pont qu'il veut jeter entre les religions. Ce n'est pas un concept creux pour lui, mais une réalité tangible qu'il entend renforcer. Une priorité de son pontificat.

— Exactement ! Comme ce jour de novembre 2014 où il va prier dans la mosquée bleue d'Istanbul aux côtés du grand muphti. Jamais son prédécesseur n'aurait fait ça ! Au même endroit, quelques années auparavant, Benoît XVI s'était simplement recueilli. Il avait fait le strict minimum. Rien à voir avec le geste du pape François. Tu vois, Sonia, j'ai trouvé ce moment de communion puissant et sincère. Dans cette mosquée bleue, qui porte ce nom en référence aux faïences de couleur azur ornant presque entièrement l'intérieur de l'édifice, les prières des deux autorités religieuses symbolisaient ce dialogue. C'est une main tendue vers l'islam. Et un message contre le fondamentalisme. Voilà ce qu'il faudrait davantage mettre en avant au lieu de chercher des poux sous sa calotte !

Il a été le seul à oser prier dans une mosquée à côté d'un dignitaire musulman. Rien que pour cela, ce pape est universel. Il nous parle à tous, croyants de toutes confessions et non-croyants. C'est un trait d'union en faveur de la paix.

— Je ne veux pas être rabat-joie… Tu n'en fais pas un peu trop là, mamie ?

— Pourquoi dis-tu cela ?

— Écoute, encore une fois, ce sont de belles paroles…

— Et alors ? On n'a plus le droit de rêver, d'espérer, de croire ? Qu'est-ce qui t'arrive, ma petite-fille ?

— Ne déforme pas mes propos. Je ne dis pas qu'il faut être cynique. Je vais te donner un exemple pour étayer ma pensée. Souviens-toi de la rencontre au Vatican entre l'ancien président israélien Shimon Peres et Mahmoud Abbas, le président de l'Autorité palestinienne. Tu étais la première à dire à l'époque que cette entrevue avait une portée très symbolique mais aucune conséquence pratique. C'est exactement ce que j'essaye de t'expliquer. Le pape a un mur face à lui. Je ne dis pas qu'il est infranchissable. Seulement, le chemin est long avant d'arriver au dialogue apaisé des religions que nous souhaitons.

— C'est toi qui déformes mes propos ! Je n'ai jamais dit que cette rencontre au Vatican était uniquement symbolique.

— Ah bon ? Il est vrai qu'il y a eu énormément d'effets suite à cette visite, on l'a bien constaté !

— Pas d'ironie ma petite-fille. Ces sujets sont trop sérieux pour s'en moquer. Tu as rappelé tout à l'heure que c'était un jésuite, donc très politique. Il faut lui faire confiance. Il peut jouer un rôle clé dans la résolution des conflits. C'est d'ailleurs ce qu'il a fait en faveur du rapprochement historique entre Cuba et les États-Unis. J'ai lu un excellent article sur ce sujet. Il est dit que François a été un médiateur très persuasif. Il a d'abord écrit une longue lettre à Barack Obama puis à Raúl Castro. Il a contribué à faire tomber le mur de la méfiance et autrefois de la haine entre l'Amérique et l'île cubaine.

— Je te rejoins sur le dossier cubain. La médiation du pape a été cruciale. On peut aussi remonter à plus loin sous le pontificat de Jean-Paul II. Ce dernier a exercé une influence certaine dans l'effritement de l'URSS. Il a porté plusieurs coups aux régimes communistes des pays de l'Est. Karol Wojtyla a fait entendre très fort la voix de l'Église jusqu'à être décrit comme le grand déstabilisateur du système communiste. Dans une interview accordée au journal italien *La Stampa*, Mikhaïl Gorbatchev dira : "Nous pouvons affirmer aujourd'hui que tout ce qui s'est passé en Europe de l'Est au cours de ces dernières années n'aurait pas été possible sans la présence de ce pape, sans le rôle éminent qu'il a joué, y compris sur le plan politique, sur la scène mondiale." Peut-être que le pape François pourra faire bouger les lignes et déplacer des montagnes. Tu as sans doute raison, mamie, bien que je sois moins optimiste que toi sur la portée de son message aujourd'hui.

— Lui et moi avons un point commun !

— Qui ? Le pape et toi ?

— Tout à fait.

— Lequel ?

— Nous portons tous les deux des chaussures orthopédiques ! »

Nous éclatons de rire en même temps. Je ne m'attendais pas à une telle réponse. Delenda m'explique que le pape François s'est éclipsé avant-hier de la cité du Vatican pour aller acheter des chaussures sur-mesure pour pieds sensibles. Des témoins ont immortalisé son escapade en publiant les photos sur les réseaux sociaux. On le voit, souriant, prenant la pause avec les employés du magasin. Cette petite virée a beaucoup plu à ma grand-mère.

« Peut-être qu'une fois, si on va à Rome, on pourra le rencontrer au détour d'une ruelle ! Qui sait ?

— Mais oui, mamie, bien sûr… On va le trouver attablé en train de manger une pizza. Comme tout pape qui se respecte quoi ! (Rires.) Bon, imaginons quand même que ça arrive, qu'est-ce que tu lui dirais s'il était en face de toi ? Sans réfléchir, quelle parole te vient immédiatement à l'esprit ?

— Je suis musulmane et j'entends vos prières qui nous appellent à l'unité et au dialogue des religions.

Au plus profond de mon cœur, vos mots résonnent car ils parlent aux humains avant de s'adresser aux croyants. Pape François, vous êtes universel, tout comme votre message ! »

Chapitre 20

AU BOUT DU CHEMIN, LA LUMIÈRE

C'est un événement. Delenda est en vacances. Quand ma grand-mère m'a appelée pour m'avertir qu'elle partait se reposer quelques jours, j'ai d'abord cru à une blague. Depuis de nombreuses années, elle ne s'éloigne plus de son refuge, la maison de La Goulette. L'une de mes tantes a réussi à la convaincre, non sans mal, de s'envoler avec elle et ses petits-enfants pour l'île voisine de Djerba. Delenda y est allée à reculons. Elle a d'abord prétexté des maux de ventre, puis mis en avant une phobie soudaine de l'avion. Finalement, après avoir usé, comme un enfant, de tous les stratagèmes, la voilà partie pour un séjour au soleil. Avant d'embarquer, elle m'a demandé de lui écrire une lettre sur un sujet difficile et sensible. Elle voudrait savoir ce qui peut désormais arriver en Europe. L'Occident a-t-il les moyens de résister à la vague d'attentats qui le frappe ? Y a-t-il un risque de guerre civile en France ? Je m'étonne de la nature de ses questions. Delenda est censée aller se reposer et non réfléchir aux problèmes dont nous parlons quotidiennement.

En réalité, ma grand-mère s'ennuie très vite en vacances. Je l'imagine tournant en rond dans sa chambre d'hôtel en attendant ma lettre. Pour cette raison, je ne tarde pas à lui écrire.

Correspondance en date du 15 décembre 2016

Ma très chère mamie,

J'espère que tu profites de ces quelques jours de repos tellement mérités. Nos appels quotidiens me manquent. Je préfère te laisse souffler un peu et reprendre la plume pour répondre à ta question.

Le passé est derrière nous, l'avenir est incertain, le présent est le seul espace-temps sur lequel on peut encore agir. La solution est en nous. Y a-t-il un risque de guerre civile ? L'idée que nos pays, en Europe, puissent sombrer dans un cycle de vengeance est un scénario apocalyptique envisagé désormais à haute voix. Nombreux sont ceux qui pensent que cette lutte interne sur notre sol est inéluctable. Soit parce qu'ils la souhaitent, soit parce qu'ils sont détenteurs d'éléments d'informations susceptibles d'accréditer cette thèse.

C'est le cas du patron de la DGSI, la Direction générale de la Sécurité intérieure. En juin 2016, Patrick Calvar mettait en garde contre une explosion de violence. Je ne me risquerai pas au jeu des pronostics sur une question aussi grave.

Je constate simplement que nous ne sommes pas à l'abri d'une étincelle qui pourrait embraser des esprits chauffés à blanc. Ce qui me trouble, c'est l'atmosphère de crainte qui nous a tous gagnés. L'insouciance s'est envolée. Au rythme des attentats, de manière insidieuse, un voile a estompé notre joie de vivre. C'est exactement le but du terrorisme. Déstabiliser la situation politique et sociétale en répandant la peur. Cela me fait penser à la stratégie militaire de la mouche, développée par de nombreux spécialistes en terrorisme. C'est la stratégie du plus faible en apparence, face au plus fort. La mouche semble inoffensive. Face à elle, l'éléphant est sûr de lui. Dans un magasin de porcelaine, les deux forces en présence se font face. Pour prendre le dessus sur son adversaire, la mouche pénètre dans son oreille en bourdonnant jusqu'à lui faire perdre tous ses moyens. Fou de rage et de peur, l'animal va tout saccager dans la boutique. Ainsi, la mouche aura réussi à faire perdre la raison à l'éléphant et à détruire l'environnement qui l'entoure, à savoir notre société. À l'échelle d'un pays, le risque est de nous précipiter vers un affrontement civil. Comment alors résister ? Les responsables politiques répètent à l'envi que la guerre sera longue. Sans toutefois nous expliquer comment y faire face. Ce discours fait défaut.

À nous de l'inventer.

Je crois profondément que le clash des civilisations n'aura pas lieu. Les terroristes vont malheureusement continuer à alimenter cette polarisation, mais la ligne de fracture est trompeuse. Comment imaginer que les djihadistes sont porteurs d'une quelconque civilisation ? Tous les experts sérieux ne cessent de rappeler que les musulmans sont les victimes les plus importantes en nombre du terrorisme islamiste. Cette guerre n'est pas une lutte entre l'Occident et l'islam. C'est une bataille sans merci entre des islamistes et le reste du monde. Nous sommes en guerre contre un islam dévoyé. Ceux qui affirment le contraire font preuve d'une ignorance crasse ou, pire, d'une malhonnêteté mortifère. Ils imaginent un monde divisé en deux. Comme l'ont théorisé les néo-conservateurs de Washington. D'un côté, l'axe du bien et, de l'autre, celui du mal. D'une part, le monde civilisé irrigué de lumière et de liberté, de l'autre, la barbarie et l'obscurité. C'est tellement simple à avaler. George W. Bush avait défini le périmètre délimitant les ennemis de l'Occident. La liste comprenait des pays musulmans auxquels a été ajoutée la Corée du Nord. Cette expression d'axe du mal a marqué les esprits car elle renvoyait à une division morale, culturelle et religieuse du monde. C'est exactement ce que l'on retrouve aujourd'hui. Les djihadistes de Daech reprennent à leur compte cette conception binaire pour nous pousser au clash.

Comment y faire face ? En prenant le problème à bras-le-corps, en Occident et dans les pays musulmans. On a souvent évoqué dans nos échanges, ma chère mamie, la nécessaire lutte contre le salafisme. Il est temps de se donner tous les moyens de cette bataille. Quant à ceux qui affirment être dans la non-violence, les salafistes quiétistes, je n'ai pas de doutes sur le fait qu'ils nous rejoindront, si leur engagement est vraiment sincère. Cessons de nous auto-flageller. N'ayons pas peur de mener le combat.

Mettons tout sur la table. Sans tabous. Construisons ensemble un islam de France plutôt que de nous voir imposer un islam rapporté.

Qu'en est-il des pays musulmans ? Comme en Occident, la question de l'identité se pose avec beaucoup d'acuité. Quelles sont les valeurs qui guident aujourd'hui ces pays, notamment au Moyen-Orient ? Il faut remonter aux années 1970 pour comprendre la rupture qui s'est opérée. Deux courants se sont opposés. L'islamisme, qui veut rassembler les musulmans sous la bannière de la loi islamique, et le panarabisme, qui prône l'unité de tous les Arabes sans distinguer leur origine ou leur confession. Rapidement, l'islamisme prend le dessus sur le panarabisme. La disparition du président égyptien Gamal Abdel Nasser ainsi que la victoire des Talibans sur l'URSS en Afghanistan vont porter, en quelques années, un coup fatal à ce courant. Dès lors, l'islamisme sort grand vainqueur et s'impose comme l'idéologie capable de lutter contre « l'impérialisme » américain et les « mécréants » européens. En périclitant, le panarabisme a entraîné dans sa chute l'espoir de voir des nations arabes à forte identité. Je fais partie de ceux qui le regrettent. J'appréhende ce courant comme une forme de patriotisme nécessaire. Le mot n'est pas tabou. Tout pays se doit d'être fier de ce qu'il est et de son histoire. Affirmer son identité, ce n'est pas se penser supérieur ; c'est savoir qui nous sommes. La différence est majeure.

L'un des carburants du terrorisme qui frappe les pays musulmans repose sur un profond trouble identitaire. Le nationalisme arabe aurait-il pu répondre à cette angoisse ? On ne peut pas réécrire l'histoire. Toutefois, la question mérite d'être posée.

Beaucoup considèrent que panarabisme et islamisme sont les deux faces d'une même médaille. Je ne le crois pas. Le nationalisme arabe a prétendu vouloir moderniser l'islam, il se plaçait au-dessus des clivages confessionnels. C'était, du moins au départ, une idéologie progressiste. Les précurseurs de ce courant avaient pour objectif de construire un socle commun à tous les Arabes. Qu'aurait donné ce pari sur le long terme ? Nul ne peut affirmer ce qu'il en serait advenu si l'idée originale avait été respectée. Une chose est sûre, l'échec politique du nationalisme arabe a facilité l'émergence de l'islamisme. L'Occident aurait dû soutenir ce courant nationaliste et ne pas y voir un ennemi, même si cette idéologie lui était en apparence hostile. Toutefois, il faut reconnaître que la limite du panarabisme tenait en ses leaders. Tous étaient des autocrates. Ces régimes dictatoriaux, et souvent anti-islamistes, ne connaissaient malheureusement aucune limite à leurs pouvoirs.

Aujourd'hui, les islamistes espèrent une dislocation du monde arabe. Les pays qui résistent, comme la Tunisie, sont des cibles privilégiées.

Encore une fois, il faut rappeler la nécessité impérieuse de protéger la fleur tunisienne. Ce pays peut être le symbole du mariage réussi entre islam et démocratie. Beaucoup d'espoirs reposent sur ses épaules encore fragiles. Encourageons pour cela la séparation nette entre religion et politique. Cette connexion est pernicieuse. La gestion des affaires de la cité n'a rien à voir avec le spirituel. Le salut passera par là. C'est un chemin de crête à imaginer.

Tous les enfants de Tunisie, où qu'ils soient, doivent garder en tête cet impératif. Il en va de notre avenir à tous.

Je t'embrasse fort, prends soin de toi. N'oublie pas de m'envoyer une carte postale de Djerba. Profite de tes jours de repos tant mérités.

Ta Sonia.

ÉPILOGUE

Tout avait commencé par un simple coup de fil vers la fin du mois d'août 2016. Delenda et moi avions décidé de dialoguer quasiment tous les jours. Cette promesse a été respectée. Sur différents sujets, nous avons échangé nos points de vue, en toute franchise, sans tabous ni faux-semblants.

À travers ces discussions, j'ai appris à mieux la comprendre. Je connaissais la grand-mère bien sûr, j'ai découvert la femme, la combattante aussi. Une combattante du quotidien. Une personne au raisonnement affûté et aux remarques emplies de bon sens.

Je pensais d'abord à lui faire plaisir en acceptant ces échanges, parfois contraignants, compte tenu de mon emploi du temps. En réalité, je me suis vite prise au jeu.

Ses réactions m'ont souvent surprise, émue et, quelquefois, ont suscité ma colère aussi. Au final, je ne m'attendais pas à un dialogue aussi enrichissant pour toutes les deux. J'ai cru bêtement que je maîtrisais mieux certains sujets que ma grand-mère. Il n'en est rien. La sagesse de Delenda vaut mes nombreuses années d'études.

En ce premier jour de l'année 2017, je l'appelle vers midi pour lui présenter mes vœux. Sa voix est étouffée de sanglots. Quelque chose de grave s'est passé. Parmi les nombreuses victimes de l'attentat d'Istanbul perpétré dans une discothèque durant la nuit du réveillon, il y avait un jeune couple. Mohamed Ali Azzabi et son épouse, Senda Nakaa. « Dali », comme on le surnommait, était un ami d'enfance. Nous nous étions perdus de vue depuis quelques années, mais le souvenir de joyeuses fêtes d'anniversaire passées ensemble m'a toujours accompagnée.

Je pense à leurs familles, à leur enfant.

La main du terrorisme a encore frappé, aveuglément. Sans aucune distinction de religions ni de nationalités. Les condamnations pleuvent au lendemain de cet acte barbare. Les mêmes mots sont répétés après chaque attentat. Jusqu'à quand ? Comment supporter cette tragique litanie ? D'où viendra le sursaut ? Il ne suffit plus de dire « la vie continue ». Réagissons.

Pour transcender ces épreuves, sortons du déni, arrêtons de battre notre coulpe, mettons de côté les bien-pensants.

Épilogue

C'est en opposant aux terroristes un combat sans pitié et une vision commune que nous ferons échouer leur funeste dessein. Cela durera probablement des années. Pour y arriver, prenons tous nos responsabilités.

À chacun sa mission. Aux militaires, les champs de bataille. Aux politiques, les lois adaptées à la gravité de la situation. À nous tous, le sursaut.

Nous ne pouvons pas continuer à aller de démissions en démissions, d'accommodements en accommodements. Il est temps d'apprivoiser les peurs, d'exorciser les hantises.

Éviter le piège de la discorde ne doit pas conduire à occulter les vrais problèmes. Nous avons tellement peur de tomber dans l'écueil de l'amalgame que nous nous retrouvons tétanisés par l'idée de débattre de certains sujets. Les terroristes ont reniflé l'odeur de nos faiblesses telles des bêtes sauvages autour du sang de leurs victimes. Ils pensent avoir gagné. Prouvons-leur le contraire.

Parions sur la raison et l'intelligence d'un grand pays comme la France.

Parions sur la volonté tenace de s'en sortir d'un pays comme la Tunisie.

Delenda et moi, une grand-mère et sa petite-fille, en sommes convaincues : au bout du chemin, malgré le chagrin et la colère, il y a toujours la lumière.

Table

Cet ouvrage a été mis en page par IGS-CP
à L'Isle-d'Espagnac (16)

Imprimé en France par CPI
en février 2017

Dépôt légal : mars 2017
N° d'édition : L.01ELKN000662.N001
N° d'impression : 139540